シリーズ〈日本語探究法〉 小池清治＝編集 2

文法探究法

小池清治 [著]
赤羽根義章

朝倉書店

─── **編集のことば** ───

　本シリーズは国語学・日本語学の分野で卒業論文を作成しようとする日本人学部学生および留学生，さらに，広く日本語を研究対象とする人々に対して，日本語に関する基礎的知識および最新の知識を提供するとともに，その探究方法についての指針を具体的事例研究を通して提示することを目的とし，大学・短期大学における国語学・日本語学の教科書および演習用のテキスト，または卒業論文作成指導の際の便を図るものとして編集しました。

　各事例は，基本的には次のように構成されています。

1. タイトル：日常の言語生活において疑問に感じる言語事象を，平易な疑問文の形で提示した。
2. 【　　】：卒業論文作成の参考となるよう，研究ジャンル名を提示した。
3. キーワード：事例研究をするうえにおいて，重要な用語をキーワードとして提示した。
4. 本　　文：レポート，論文の書き方の一例として，事例研究を提示した。
5. 発展問題：演習やレポートの課題として利用されることを想定して，ヒントとなる類似の事例をいくつか例示した。
6. 参考文献：課題を学習するうえで基本となる文献を列挙した。これらの文献を参照し，それを端緒としてさらに拡大し，掘り下げられることを期待する。

小　池　清　治

はじめに

　科学的文法研究は，江戸時代中期に本居宣長(もとおりのりなが)や富士谷成章(ふじたになりあきら)らによって始められた。彼らは，古事記や古今和歌集・源氏物語などの古典文学を理解するための科学的知識，及び古典語による和歌や和文を正確に再生産するための言語的知識を獲得しようとして，文法的研究に従事している。

　現在の文法研究のおもなフィールドは二つある。一つは国語教育の現場，ほかの一つは日本語教育の現場である。文法研究の成果はこれらのフィールドに有効な知識として提供されることが期待されている。しかし，現状を見るに，提供は十分とは言えないものがある。理由は種々あるが，その最大の理由は，研究者がよって立つべきフィールドからの要請を十分に自覚していないことにあるだろう。

　本書は，現在の文法研究の依拠するフィールドが，国語教育と日本語教育にあることを自覚し，これらをよりよく融和させる試みの一つとして編まれている。

　文法的研究の対象は，語，文，及び文章・作品である。語を対象とした研究を意味論（semantics），文を対象とした研究を構文論（syntax），文章・作品を対象とした研究を語用論（pragmatics）と三分される。本書ではこれらを峻別する。

　本書の眼目は，卑近な言語事象を対象とした15の事例研究を通して，文法研究の基本的態度と方法とを体得してもらうことにある。

　なお，第1章から第9章まで及び第14章の10章は小池清治が担当し，第10章から第13章まで及び第15章の5章は赤羽根義章が担当した。

　2002年9月

小池清治
赤羽根義章

目　　次

第1章　与謝野晶子は文法を知らなかったのか？……………………1
　　　　［意味・文法・語用］

第2章　「言文一致体」は言文一致か？＝小説・物語の文法＝ …………9
　　　　［文法］

第3章　『夢十夜』（漱石）は一つの文章か？……………………20
　　　　［語用作品論］

第4章　飛んだのはシャボン玉か，屋根か？……………………30
　　　　［語用文章論］

第5章　真に文を終結させるものは何か？＝「陳述単語観」について＝ …38
　　　　［文論］

第6章　日本語で一番短い文は何か？……………………51
　　　　［文型論Ⅰ，一語文］

第7章　「私はキツネ。」に，留学生はなぜ驚いたのか？……………60
　　　　［文型論Ⅱ，ウナギ文］

第8章　日本語は語順が自由か？……………………66
　　　　［文型論Ⅲ，倒置文］

第9章　日本語に主語はいらないのか？ …………………………… 76
　　　　［文型論Ⅳ，無主語文］

第10章　受動文は，何のために，どのようにして作られ，何を表すのか？
　　　　　……………………………………………………………………… 85
　　　　［文型論Ⅴ，受動文］

第11章　「今，ごはんを（食べる，食べた，食べている，食べていた）。」は
　　　　どう違うのか？ ……………………………………………………… 97
　　　　［語論Ⅰ，動詞］

第12章　「あいにくですが父は留守です。」と「せっかくですが父は留守です。」
　　　　はどこが違うのか？ ………………………………………………… 110
　　　　［語論Ⅱ，副詞―評価注釈］

第13章　「彼は大男だ。ところが気は小さいかもしれない。」はなぜ不自然な
　　　　のか？ …………………………………………………………………… 122
　　　　［語論Ⅲ，接続詞―逆接］

第14章　「これが都鳥だ。」の「が」は格助詞か？ ……………………… 132
　　　　［辞論Ⅰ，格助詞・係助詞］

第15章　「日照りが続くと／けば／くなら／いたら，水瓶が枯渇するだろう。」
　　　　はいずれも同じ仮定条件文か？ ……………………………………… 145
　　　　［辞論Ⅱ，接続助詞―仮定条件］

索　　引 ……………………………………………………………………………… 156

第1章　与謝野晶子は文法を知らなかったのか？

【意味・文法・語用】

キーワード：親族呼称・自称詞・対称詞・目上目下分割線・意味・文法・語用・意味論（semantics）・文法論（syntax）・語用論（pragmatics）・詩の語用・日常言語の語用・モノローグ型表現の語用・ダイアローグ型表現の語用

1.　与謝野晶子「君死にたまふこと勿れ」の不思議

　与謝野晶子は，大正7（1917）年7月，東京日日新聞に，次の反戦歌を載せている。

　　　女より知慧ありといふ男達この戦ひを歇めぬ賢さ

　　　　　　　　　　　　　　　　（『火の鳥』大正8年所収）

　「この戦ひ」とは，第一次世界大戦のことである。戦争の愚かさを端的に指摘し，老獪に皮肉っている大胆な歌と評することができる。

　与謝野晶子の反戦歌は，実は，これが最初ではない。彼女が『みだれ髪』により，明治の文学世界に衝撃的デビューを果たして間もない，明治37（1904）年9月に，日露戦争に出兵した弟籌三郎を想って次の新体詩を発表しているのである。

　　　「君死にたまふこと勿れ　旅順港包囲軍の中に在る弟を嘆きて」
　　あゝをとうとよ君を泣く，
　　君死にたまふことなかれ，
　　末に生れし君なれば
　　親のなさけはまさりしも，
　　親は刃をにぎらせて
　　人を殺せとをしへしや，

人を殺して死ねよとて
二十四までをそだてしや。
(中略)
あゝをとうとよ，戦ひに
君死にたまふことなかれ，
すぎにし秋を父ぎみに
おくれたまへる母ぎみは，
なげきの中に，いたましく
わが子を召され，家を守り，
安しと聞ける大御代も
母のしら髪はまさりぬる。(『明星』明治37年9月初出，『恋衣』明治
(以下略)　　　　　　　38年1月収録。波線は筆者，以下同じ)

　中略の部分には，天皇批判とも解釈される表現があり，当時の文壇の大御所大町桂月から激しく批判され，物議を醸した詩である。

　さて，この詩において，晶子は弟籌三郎に対して，「あゝをとうとよ」と呼びかけている。これは，一体，何だろう。私たちは，ふだん，目上の親族に対して，「お父さん・お母さん・兄さん・姉さん」と呼びかけることはしても，目下の親族に対して，「弟よ・妹よ」とは呼びかけることをしない。それにもかかわらず，晶子は「あゝをとうとよ」と二度も呼びかけている。これは，どう解釈すればよいのであろうか。与謝野晶子は日本語の文法を知らなかったのであろうか。

2. 宮澤賢治の「永訣の朝」

　目下の親族に対して親族名で呼びかけるという，通常の文法に反する行為を宮澤賢治も行っている。「永訣の朝」という絶唱における，妹「とし子」に対する呼びかけがそれである。

　　「永訣の朝」
　　けふのうちに

とほくへいってしまふわたくしのいもうとよ
みぞれがふっておもてはへんにあかるいのだ
　　　　（あめゆじゅとてちてけんじゃ）
うすあかくいっそう陰惨（いんざん）な雲から
みぞれはびちょびちょふってくる
　　　　（あめゆじゅとてちてけんじゃ）
（中略）
ありがたうわたくしのけなげないもうとよ
わたくしもまっすぐすすんでいくから
　　　　（あめゆじゅとてちてけんじゃ）
わたくしのけなげないもうとよ
この雪はどこをえらばうにも
あんまりどこもまっしろなのだ
あんなおそろしいみだれたそらから
このうつくしい雪がきたのだ　　　　（『春と修羅』第一集「無声慟哭」）
（以下略）

3. 鈴木孝夫による「目上目下分割線」の法則

　鈴木孝夫（すずきたかお）は，『ことばと文化』（第6章「人を表すことば」第4節「日本語の自称詞と対称詞の構造」）において，次頁のような図を示し，以下の解説を付している。

（一）話し手（自己）は，目上目下分割線の上に位する親族に人称代名詞を使って呼びかけたり，直接に言及したりすることはできない。
　　　たとえば自分の父に向って「あなた」と呼びかけることは変だし，「この本あなたの？」ときくこともできない。兄やおばに対しても同様である。
　　　これと反対に，分割線より下の親族には，すべて人称代名詞で呼びかけたり，言及したりできる。

（二）話し手は，分割線より上の人を普通は親族名で呼ぶ。
　　　自分の母親を「お母さん」と言ったり，祖父に対して「おじいさんの

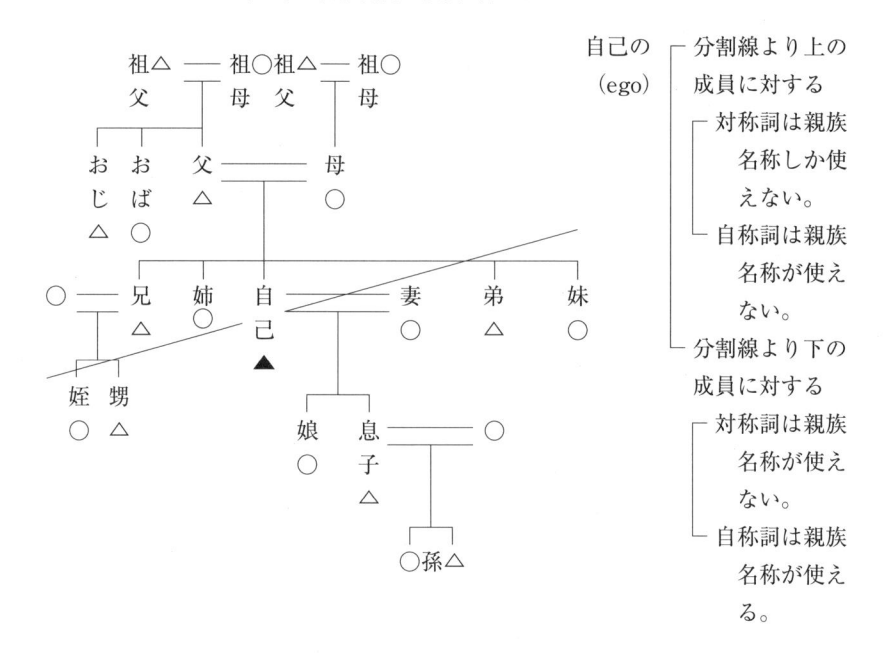

```
                                              自己の     ┌ 分割線より上の
    祖△ ─┬─ 祖○ 祖△ ─┬─ 祖○         (ego)   │   成員に対する
    父      母  父       母                     │  ┌ 対称詞は親族
  ┌──┬──┤                                   │  │  名称しか使
  お  お  父 ──┬── 母                          │  │  えない。
  じ  ば  △      ○                            ┤  └ 自称詞は親族
  △  ○                                         │     名称が使え
      ┌──┬──┬──┤                        │     ない。
      ○─兄 姉 自 ──┬── 妻 弟 妹         └ 分割線より下の
           ┌─┤ 己             △  ○       成員に対する
           姪 甥  ▲                        ┌ 対称詞は親族
           ○ △     ┌──┤                 │   名称が使え
                  娘  息 ── ○            ┤    ない。
                  ○  子                   └ 自称詞は親族
                      △ ┌─┤                  名称が使え
                        ○孫△                 る。
```

ひげは長いね」などと言うのである。

　しかし，<u>分割線より下の者に</u>，<u>親族名称で呼びかけることはできない</u>。たとえば，自分の弟に「おい弟」と言ったり，娘に対して「娘はどこに行くの？」などとは言えないのである。

　　（以下，略。波線は筆者）

　鈴木による「目上目下分割線」の法則（二）に，与謝野晶子の「あゝをとうとよ」や宮澤賢治の「いもうとよ」は明らかに抵触している。晶子や賢治は日本語の文法を知らなかったのであろうか。二人の文学上の業績を考慮に入れると，どうも，そのようには考えにくい。では，どう考えればよいのであろうか。

4．意味・文法・語用

　ところで，これまで筆者は，姉や兄が弟や妹に呼びかける場合の語の用い方を「文法」と称してきたが，実は，言語学の術語に照らし合わせてみると，この称し方は正しくない。

言語学においては，次のような区別をしている。
意味＝形態素（意味を担う最小単位）・語（文の最小単位）と事物・事象との関係に関する決まり
文法＝文の内部における語・文節・文の成分相互の関係に関する決まり
語用＝文章に現われる表現主体（話し手・書き手）と語・文の運用に関する決まり

なお，これらの決まりは，人間の脳細胞の内部に存在するもので，直接目で観察することはできない。これらの関係を言葉で説明し，目で見えるようにしたものをそれぞれ，「意味論（semantics）」「文法論（syntax）」「語用論（pragmatics）」という。

さて，このような区別にもとづき，与謝野晶子・宮澤賢治の「あゝをとうとよ」や「わたくしのいもうとよ」の問題を考えてみよう。

第一に，語と事物・事象との関係を検討してみると，「をとうと」「いもうと」は，同じ親から生まれた年下の者で「をとうと」は男性，「いもうと」は女性の意であり，二人の詩においても，この意で用いられている。したがって，「意味」の観点においては，正確であり，なんら問題はない。

第二に，文内部の語・文節・文の成分相互の関係を検討してみると，「をとうと」「いもうと」は，親族呼称の名詞として用いられ，助詞「よ」を下接させて，一文節を構成している。「文法」の観点においても，なんら問題はない。

最後に，表現主体と語との関係，すなわち「語用」の点を考えてみよう。表現主体は姉や兄であり，それらが，同じ親から生まれた年下の者に対する呼びかけとして，「弟」「妹」親族名称を用いている。これは，第3節で紹介した，鈴木孝夫がまとめた，日本語のあり方に抵触するのは明白である。

結論を言えば，前節までに論じてきた問題は，「語用」の問題であったのだ。

5. 詩の語用と日常言語の語用，モノローグ型表現の語用とダイアローグ型表現の語用

「君死にたまふこと勿れ」と「永訣の朝」に共通する点は，詩というジャンルにある。この点に注目すると，詩の語用と日常言語の語用との二つが存在するということになる。

第二の共通点は，両者とも，眼前にいない人間に対する呼びかけの表現という点にある。呼びかけというとダイアローグ型表現であると思いがちであるがそうではない。これらの詩においては，呼びかける対象が，眼前にいないからである。

　ところで，両者とも，発表を前提として作詩されている。ということは，純粋な独り言でもない。読み手，第三者を意識した独り言，演劇の用語を用いれば，モノローグということになる。

　日常的会話においては，話し手，聞き手の人間関係は自明なものとして存在する。しかし，モノローグにおいては，人間関係は自明ではない。「籌三郎」「とし子」といっても，読者には，その人物が作者とどういう関係にあるか不明である。そこで，モノローグ型の表現においては，「をとうと」「いもうと」などの親族呼称が使用される必要が出てくるのである。

　おそらく，どの言語においても似たような現象があるのであろうが，とにかく，日本語には，詩の語用と日常言語の語用，モノローグ型表現の語用とダイアローグ型表現の語用の二種類があるということになる。

■ 発展問題

(1) aは金井 直の詩「木琴」，bは南こうせつの歌うフォークソング「妹」（作詞 喜多条 忠）である。これらがモノローグ型の表現であることがはっきりするのは，「妹よ」以外の，それぞれどのような表現からだろうか。

　　a 「木琴」　　　金井　直

　　　妹よ
　　　今夜は雨が降っていて
　　　お前の木琴がきけない

　　　お前はいつも大事に木琴をかかえて
　　　学校へ通っていたね
　　　暗い家の中でもお前は
　　　木琴といっしょにうたっていたね
　　　そしてよくこう言ったね
　　　「早く街に赤や青や黄色の電灯がつくといいな」

妹よ
　　お前が地上で木琴を鳴らさなくなり
　　星の中で鳴らし始めてからまもなく
　　街は明るくなったのだよ
　　私のほかに誰も知らないけれど

　　妹よ
　　今夜は雨が降っていて
　　お前の木琴がきけない

　b 「妹」　　　喜多条　忠
　　妹よ　　　　　　　　　　妹よ
　　ふすま一枚隔てて今　　　あいつはとってもいい奴だから
　　小さな寝息をたてている妹よ　どんなことがあっても我慢しなさい
　　お前は夜が夜が明けると　そしてどうしてもどうしてもどうしても
　　雪のような花嫁衣裳を着るのか　だめだったら帰っておいで　妹よ……
　　（中略）

(2) 「息子よ」「娘よ」「孫よ」など，下の世代の親族に親族名で呼びかける例がほかにあるか調べ，それらがモノローグ型の表現であるか否か確認してみよう。また，それらがなぜダイアローグ型の表現とはならないのか考えてみよう。

(3) 詩人が呼びかけるのは，「弟」や「妹」に限らない。日常言語の常識では考えられない，多くのものに呼びかけている。これらの呼びかけの意味を考えてみよう。また，これらはモノローグ型かダイアローグ型か考えてみよう。

　金子光晴（かねこみつはる）　　蛾よ。あゝ，どこにかへつてゆくところがある？　　（「蛾」）
　小熊秀雄（おぐまひでお）　　なつかしい馬の糞茸（ふんたけ）よ　お前は今頃どうしている
　　　　　　　　　　　　　　　　　　　　　　　　　　　　　　　　　（「馬の糞茸」）
　山之口貘（やまのぐちばく）　　友よ空腹かんじつくらしてみようぢやないか，と
　　　　　　　　　　　　　　　　　　　　　　　　　　　　　　　　　（「疲れた日記」）
　立原道造（たちはらみちぞう）　しづかな歌よ　ゆるやかに　おまへは　どこから　来て
　　　　　　　　　　　どこへ　私を過ぎて　消えて　行く？（「優しき歌　序の歌」）
　まど・みちお　　カよ　おまえは　そこで　花に　なって　さいている
　　　　　　　　　　　　　　　　　　　　　　　　　　　　　　　　　（「カ」）

(4) 次の場合，あなた自身をどう呼ぶかを書き，eの場合の特徴を述べなさい。
 a　家の中で，両親に向かって。　　　　　[　　　　　]
 b　家の中で，兄弟に向かって。　　　　　[　　　　　]
 c　学校で，上級生に向かって。　　　　　[　　　　　]
 d　学校で，同級生に向かって。　　　　　[　　　　　]
 e　独り言で，自分自身を励ます時に。　　[　　　　　]

(5) 古典語の終助詞「なむ」（動詞未然形接続）は，願望の意を表すとされるが，対話において，相手に面と向かって誂え望むという用法はない。多くは，
 a　寄する波うちも寄せなむわが恋ふる人忘れ貝下りて拾はむ　　　　（土佐）
 b　小倉山峰のもみぢ葉心あらば今ひとたびのみゆき待たなむ　　　（拾遺・秋）
 c　恋ひ恋ひてまれにあふ夜の天の川川瀬の鶴は鳴かずもあらなむ
                  （金槐集・秋）

などのように，自然物や動植物への呼びかけである。人に対する誂えの場合は，
 d　「『惟光とく参らなむ』とおぼす」　　　　　　　　　　　（源氏・夕顔）

のように，眼前にその人がいない場合である。いわば，独り言専用といってよい。願望の終助詞「ばや」の場合はどうか，調べてみよう。

(6) 詩の語用と日常言語の語用，モノローグ型表現の語用とダイアローグ型表現の語用との間に，呼びかけ表現のほかに，どのような相違があるか調べてみよう。

■ 参考文献

1) 鈴木孝夫『鈴木孝夫著作集1　ことばと文化』（岩波新書，1973，岩波書店，1999）
2) 池上嘉彦『ことばの詩学』（岩波書店，1982）
3) 北原保雄『日本語の世界6―日本語の文法―』（中央公論社，1981）
4) 井上史雄「『お兄さん』と『お姉さん』の謎―親族名称と呼称の構造」『月刊言語』7月号（大修館書店，1991）
5) 亀井　孝・河野六郎・千野栄一編著『言語学大辞典6　術語編』（三省堂，1996）

第2章 「言文一致体」は言文一致か？＝小説・物語の文法＝

【文法】

キーワード：言文一致体，口頭言語・書記言語，国民語，標準語・全国共通語，思惟動詞，人称制限，日常言語の文法・物語や小説の文法，視点（一人称限定視点・三人称限定視点・三人称全知視点・三人称客観視点）

1. 「言文一致体」に裏切られた人，小森陽一＝「言文一致体」は言文一致ではない＝

『文体としての物語』（筑摩書房，1988），『緑の物語―「吉野葛」のレトリック』（新典社，1992），『漱石を読みなおす』（ちくま新書，1995），『出来事としての読むこと』（東京大学出版会，1996），『最新 宮沢賢治講義』（朝日選書，1996）などの著者小森陽一は，帰国子女の一人である。1953年，東京で生まれた彼は，父親の仕事の関係で，旧チェコスロバキアの首都プラハで小学生時代の大半を過ごした。帰国したのは六年生の年末，東京の小学校へ通学し始めたのは三学期から。その学校生活は悲惨な幕開けとなった。

　私は，自分の使用する日本語に，それなりの自信をもっていました。プラハにいる間中，母親は日本語を忘れさせてはならないと，小学校でやるべき全教科についてかなり熱心に教育してくれましたし，私としても教科書に書いてあることは身につけていたつもりでした。また，ときおりやってくる日本からのお客様を迎えたときも，必ずといっていいほど，私の使う日本語はきれいだとほめられたものでした。ですから，私としては自分が話す日本語に，何か欠陥があるなどとは思ってもみなかったのです。
　ある日，例のクスクス笑いにがまんならなくなった私は，立ちあがって，みんなにむかって，何がそんなにおかしいのか，という怒りをぶつけました。しかし，かえってきたのは教室全体をゆるがすような大笑い。それは，

そのとき私の口をついて出たことばが,「ミナサン，ミナサンハ，イッタイ，ナニガオカシイノデショウカ」という,完全な文章語だったからです。つまり,私は,ずっと,教科書にかかれているような,あるいはNHKのアナウンサーのような文章語としての日本語を話していたのであり,そのことを笑われていたのです(このような話しことばを話す人とこれまで一人だけ出会うことができました。大江健三郎さんのいくつかの小説に出てくるイーヨー＝光さんです)。

その日から私は,周囲の友達がどのような話し方をするのかに,注意深く耳を傾けるようになりました。そして,話しことばとしての日本語が,文章語としての日本語とおよそ異質なことばであることに,毎日毎日気づかされていくことになります。現代の日本語は「口語体」で,話しことばと書きことばが一致した「言文一致体」である,という教科書に記されたウソに,そのとき身をもって気づかされることになったのです。

(『小森陽一,ニホン語に出会う』)

波線部にある「教科書」がどのようなものか確認していないが,「言文一致体」ということばの理解として,「話しことばと書きことばが一致した」文体という理解は,国民一般のものなのではなかろうか。しかし,この理解が誤解であることは,小森陽一の心から血が流れ出るような悲惨な体験により明らかである。「言文一致体」は「言文一致」ではないというのが,正しい理解である。

どの言語においても,口頭言語(話しことば)と書記言語(書きことば)とは厳密には一致しない。なぜならば,口頭言語は音声を媒介とし,書記言語は文字を媒介とする。口と耳を頼りとする表現と文字と目を頼りとする表現とは自ずから異質な表現体系をなすからである。そのような訳で,「言文不一致」となるのが言語の自然なのである。

2. 二葉亭四迷『新編 浮雲』の「言文一致体」＝「国民語」の虚像＝

「言文一致体」は言文一致ではないというのが前節の結論であり,本稿の最終的結論でもあるのだが,二葉亭四迷が,「浮雲はしがき」において,

2. 二葉亭四迷『新編 浮雲』の「言文一致体」＝「国民語」の虚像＝

薔薇の花は頭に咲いて活人は絵となる世の中独り文章而巳は黴の生えた陳奮翰の四角張りたるに頬返しを附けかね又は舌足らずの物言を学びて口に涎を流すは拙し是はどうでも言文一途の事だと思立ては矢も楯もなく文明の風改良の熱一度に寄せ来るどさくさ紛れお先真闇三宝荒神さまと春のや先生を頼み奉り欠硯に朧の月の雫を受けて墨摺流す空のきほひ夕立の雨の一しきりさらさらさっと書流せばアラ無情始末にゆかぬ浮雲めが艶しき月の面影を思ひ懸なく閉籠て黒白も分かぬ烏夜玉のやみらみつちやな小説が出来しぞやと我ながら肝を潰して此書の巻端に序するものは

　明治丁亥初夏　　　　　　　　　　　　　　　　　二葉亭四迷

と明治20年6月に気炎をあげたとき，その「言文一途」は確かに，言文一致を意味していたに違いない。明治39年5月に記された「余が言文一致の由来」に次のようにあるからである。

　　もう何年ばかりになるか知らん，余程前のことだ。何か一つ書いて見たいと思つたが，元来の文章下手で皆目方角が分らぬ。そこで，坪内先生の許へ行つて，何うしたらよからうかと話して見ると，君は円朝の落語を知つてゐよう，あの円朝の落語通りに書いて見たら何うかといふ。
　　で，仰せの儘にやつて見た。所が自分は東京者であるからいふ迄もなく東京弁だ。即ち東京弁の作物が一つ出来た訳だ。早速，先生の許へ持つて行くと，篤と目を通して居られたが，忽ち礑と膝を打つて，これでいい，その儘でいい，生じつか直したりなんぞせぬ方がいい，とかう仰有る。

ところで，二葉亭四迷の意図，意気込みは上記のようなものであったのであるが，実際の作品をみると志に反するものができあがってしまっていることは否定できない。
　まず，全編の冒頭部は次のように始まる。
・千早振る神無月も最早跡二日の余波となツた二十八日の午後三時頃に，神田見附の内より，塗渡る蟻，散る蜘蛛の子とうようよぞよぞよ沸出で来るのは，孰れも頤をにし給ふ方々。

「千早振る」は「神無月」の枕詞である。枕詞は奈良時代の万葉集で多用さ

れた和歌の技法であるが，早くも平安時代の古今和歌集では衰退してしまった技法である。この枕詞が19世紀の明治の「言文一途」を謳う『浮雲』の劈頭を飾るとは一体どういうことなのか。

　前節で紹介した小森陽一が定石通り「言文一致体」をその元祖二葉亭四迷の『浮雲』に学ぶことから始めていれば，「言文一致体」は「言文一致」ではないと，その第一歩において悟り，無駄な努力をせずに，後日の悲劇を避けることができたことであろう。

　・文三は拓落失路の人，仲々以て観菊などといふ空は無い。

　この四字熟語は何だろう。二葉亭は前述した「余が言文一致の由来」において，次のようにも述べている。

　　自分の規則が，国民語の資格を得てゐない漢語は使はない，例へば，行儀作法といふ語は，もとは漢語であつたであらうが，今は日本語だ，これはいい。併し挙止閑雅といふ語は，まだ日本語の洗礼を受けてゐないから，これはいけない。磊落といふ語も，さつぱりしたといふ意味ならば，日本語だが，石が転つてゐるといふ意味ならば日本語ではない。日本語にならぬ漢語は，すべて使はないといふのが自分の規則であつた。

　では「拓落失路」は「日本語の洗礼を受けてゐ」た「国民語」であったのであろうか。疑わしい限りである。二葉亭四迷は六歳の時，野村秋足の塾で漢学を学び，叔父後藤有常について素読を修めている。漢字力は平均水準をはるかに越えていた。この高い水準で，「国民語」の判定がなされ，四字熟語を使用されたのでは読者はたまったものではない。

　二葉亭は「国民語」で書こうとした。その志はよい。言に文を一致させれば，わかりやすい文章となるという思想もよしとしよう。しかし，彼が前提とした「国民語」（標準語・全国共通語）は明治20年代には存在しなかった。言い換えると，一致させるべき「言」が存在しなかったのである。「国民語」が国民規模で普及し始めるのは，明治36年に文部省から発刊された第一期国定教科書が学校教育の場で使用された明治37年以降のことである。二葉亭の試みは少なく見積もっても17年ほど早すぎたことになる。二葉亭四迷の『浮雲』における試みは理論的に失敗に終わる運命にあったと言える。

3. 森鷗外の「言文一致体」＝『半日』『雁』の問題点，新しい文章語の創造＝

　二葉亭四迷の『浮雲』第3編が発表された同じ年の明治23年1月，森鷗外は『舞姫』によって文壇に登場している。しかし，この『舞姫』の文体は江戸時代からの擬古文体，雅俗折衷体であり，開発途上の未熟な言文一致体ではなかった。二葉亭四迷が脂汗を流して工夫した「言文一致体」は気の毒なことに，新時代の小説の文体としてふさわしいものと，文壇が認知するところにはなっていなかったのである。

　鷗外の最初の口語体の小説，言文一致体の作品は20年ほど遅れ，明治42年に発表された『半日』という短編小説が最初である。『半日』は次のように書き始められる。

・六畳の間に，床を三つ並べて取つて，七つになる娘を真中に寝かして，夫婦が寝てゐる。宵に活けて置いた桐火桶の佐倉炭が，白い灰になつてしまつて，主人の枕元には，唯々心を引込ませたランプが微かに燃えてゐる。その脇には，時計や手帳などを入れた小蓋が置いてあつて，その上に仮綴の西洋書が開けて伏せてある。主人が読みさして寝たのであらう。

　「千早振る」という古色蒼然とした枕詞で始められた『浮雲』に比較し，これは，こなれた言文一致体の叙述となっている。

　では，鷗外の「言文一致体」は「言文一致」なのであろうか。

・裏庭の方の障子は微白い。いつの間にか仲働きが此処の雨戸丈は開けたのである。主人は側に，夜着の襟に半分程，赤く円くふとつた顔を埋めて寝てゐる娘を見て，微笑んだ。夜中に夢を見て唱歌を歌つてゐたことを思ひ出したのである。

　「主人は……。思ひ出したのである。」が日本語としては，不自然だ。「思ひ出した」と表現できるのは，「主人」だけである。ところが，語り手は「主人」を三人称扱いしているから，「主人」ではない。「主人」ではない「語り手」が「思ひ出した」と叙述したところに不自然さがある。

　「主人」は明らかに鷗外の分身であるから，「主人」とせず，「私」という一人称にすれば，「思ひ出した」と表現しても不都合ではなくなる。ところが，そうすると，この作品の眼目の一つ，「主人」としての鷗外を客観的に叙述す

ることができなくなってしまう。

　日本の近代小説は，三人称視点（神の視点）という小説の技法を獲得し，開発してきたが，一人称主語にしか許されない表現を三人称主語にも許すという不自然さ，矛盾を今日にいたっても克服できていない。

- 暗黒に閉ぢられてゐる夫婦の胸には，sweetであつた蜜月の記念が，電光のやうに閃いて，忽ちきえた。
- 博士はその時妙な心持がしたのだ。此女は神経に異常がありはせぬかと思ふと，怖ろしいやうな気がした。
- 博士は此時こんな事を考へてゐる。

　日常の日本語では，「私はこんなことを考えている。」は許されても，「博士はこんなことを考えている。」は決して許されない。「考えているらしい。」や「考えているということだ。」のようになるのが自然だ。

　ところが，「言文一致体」の小説言語では，「博士はこんなことを考えている。」の類が大手を振って闊歩しているのである。鴎外においても「言文一致体」は「言文一致」では，やはりないのである。

　鴎外の言文一致体小説の中で傑作とされるものの一つに，明治44年9月に発表された『雁』がある。この作品の基本文体は一人称視点の語りであり，『半日』が抱え込んでいた欠陥・矛盾を「私」の語りという方法で逃れているのであるが，別の問題を露呈している。

- 容貌は其持主を何人（なんぴと）にも推薦する。　　　　　　　　（壱）
- 一体お玉の持つてゐる悔しいといふ概念には，世を怨み人を恨むといふ意味が甚だ薄い。
- きのふ「時間」の歯で咬（か）まれ角（かど）が潰（つぶ）れ，「あきらめ」の水で洗はれて色の褪（さ）めた「悔しさ」が，再びはつきり輪郭，強い色彩をして，お玉の心の目に現れた。
- あきらめは此女の最も多く経験してゐる心的作用で，かれの精神は此方角へなら，油をさした機関のやうに，滑（なめ）らかに働く習慣になつてゐる。

　　　　　　　　　　　　　　　　　　　　　　　　（以上三例，玖）

- 常に自分より大きい，強い物の迫害を避けなくてはゐられぬ虫は，mimicryを持つてゐる。女は嘘を衝く。　　　　　　　　　　（拾）

擬人法，抽象名詞を主語とした擬人法，隠喩，外来語，警句に満ちた表現である。これらを文体的には欧文脈の表現という。欧文風であるのだから，決して和風ではない。和風でない以上，これらは日本人の口にはのぼらないものなのだ。鴎外，漱石そして，芥川，堀辰雄らを経て川端たちの新感覚派にいたる道筋は，日本語の文章に欧文脈の表現を取り入れる輸入経路であった。

このような意味でも，鴎外の「言文一致体」は「言文一致」ではなかったのである。鴎外の「言文一致体」，口語体は新しい「文章語」であったのだ。

言い換えると，文章語の変革を求め，その基準を口語に求めるという「言文一致運動」は皮肉なことに，新しい「文章語」を作り出してしまったということである。

4. 物語の文法＝思惟動詞と人称制限＝

「言文一致体」の文章においては，前節で述べたように，
・主人は……思ひ出したのである。
・博士は此時こんなことを考へてゐる。

のように，思惟動詞の述語と三人称動作主とが共存するという，日常言語では考えられない表現が実現している。

実は，このような現象は，平安時代以降の物語の言語においても，実現していた。

・これを，かぐや姫聞きて，我は負けぬべしと，胸つぶれて思ひけり。
・これを聞きて，かぐや姫，すこしあはれとおぼしけり。
・帝，なほめでたく思しめさるること，せきとめがし。
・帝，かぐや姫をとどめて帰りたまはむことを，あかず口惜しく思しけれど……。
・これを，帝御覧じて，いとど帰りたまはむ空もなく思さる。

（以上『竹取物語』）

・父はなほ人にて，母なむ藤原なりける。さてなむあてなる人にと思ひける。
・女，かぎりなくめでたしと思へど，さるさがなきえびす心を見ては，いかがはせむ。

- <u>男</u>，まことにむつましきことこそなかりけれ，いまはとゆくを，いとあはれと思ひけれど，貧しければするわざもなかりけり。
- <u>かの友だち</u>これを見て，いとあはれと思ひて，夜の物までおくりてよめる。
- 男はこの女をこそ得めと思ふ，女はこの男をと思ひつつ，親のあはすれども，聞かでなむありける。　　　　　　　　（以上『伊勢物語』）
- <u>命婦</u>は，まだ大殿籠らせたまはざりけるとあはれに見るたてまつる。
- <u>誰も誰も</u>思ひきこえたまへり。
- <u>上</u>は，御息所の見ましかばと思し出づるに，たへがたきを心づよく念じかへさせたまふ。
- <u>帝</u>，はた，ましてえ忍びたへたまはず，思しまぎるをりをりもありつる昔のこと，とりかへし悲しと思さる。
- <u>女君</u>は，すこし過ぐしたまへるほどに，いと若うおはすれば，似げなく恥づかしと思ひたり。
- （<u>源氏の君は</u>）……かかる所に，思ふやうならむ人を据ゑて住まばやとのみ，嘆かしう思しわたる。　　　　　（以上『源氏物語』「桐壺」）

　三人称の胸の内であるから，「思ふべし」「思ひやせむ」「思ひけるなるべし」などが期待されるところであるが，思惟主体があたかも一人称であるかのような表現になっているのは，上に示した通りである。このような表現方法は，明治期以降の「言文一致体」の小説における表現方法と同一のものと言ってよい。

5. 日常言語の文法と小説・物語言語の文法

　小説の分析用語の一つに，視点という用語がある。視点は通常，次の四種に分類される。

1) 一人称限定視点＝話し手・書き手自身が作中に登場し，作中人物として判断をくだしたりする。一人の人物の目に限定するから，他人の心の中までは描けない。日常言語はこの視点で話されるので，「彼は……と考えた。」「彼女は……と思った。」などの表現は不可能となる。言い換えると日常言語の文法は一人称限定視点の文法ということになる。
　　例：夏目漱石『吾輩は猫である』

2) 三人称限定視点＝話し手・書き手自身は作中場面に登場せず，ある特定の人物の立場に限定して，その人物の目で物事を判断したりする。特定の人物（彼・彼女）の心の中にだけ立ち入るが，他の人物については外から眺めるだけである。したがって，特定の人物に関しては，「彼は……と考えた。」「彼女は……と思った。」などの表現が可能であり，日常言語の文法とは異なるが，他の人物については，このような表現ができないという点では日常言語の文法と等質である。

例：芥川龍之介『羅生門』（限定人物・視点人物は「下人」）

3) 三人称全知視点＝話し手・書き手は作中場面に登場せず，すべての作中人物の心の中に自由に出入りする。何もかも知っている全知全能の話し手・書き手である。あたかも話し手・書き手が神のごとき存在であるので，神の視点ともいい，物語はこの視点で語られるので，物語の視点ともいう。この視点では，すべての登場人物の心の中を描くことができる。日常言語の文法と最も隔たっているのが三人称全知視点の文法・物語の文法である。

例：『竹取物語』『源氏物語』，芥川龍之介『蜘蛛の糸』『杜子春』

4) 三人称客観視点＝話し手・書き手自身は作中場面に登場せず，作中人物たちの言動を描くだけで，誰の心の中にも触れない。事柄だけが，個人的な考えや感情を抜きにして述べられる。この視点では，「彼は……と考えた。」「彼女は……と思った。」が存在しないのは当然であるが，「私は……と考えた／思った。」という表現も存在しない。この意味で，日常言語の文法とは異なる。

例：トルーマン＝カポーテ『冷血』

このほか，視点には，主人公を「君」と二人称にする実験的手法（ミシェル＝ピュートル『心変わり』，倉橋由美子『暗い橋』）など，二人称視点もある。

このようにみてくると，視点の数だけ文法があるということになる。

■ 発展問題

(1) 次の各文は，夏目漱石『吾輩は猫である』からのものである。これらについて，下の設問に答えなさい。

a　余(猫)は池の前に坐つてだうしたらよからうと考へて見た。　　(一)
b　(吾輩は)，人間といふものは時間を潰す為に強ひて口を運動させて，可笑しくもない事を笑つたり，面白くない事を嬉しがつたりする外に能もない者だと思つた。　　(二)
c　迷亭が帰つてから，そこそこに晩飯を済まして，又書斎へ引き揚げた主人は再び拱手(きやうしゆ)して下(しも)の様に考へ始めた。
　「自分が感服して，大に見習はうとした八木独仙君も迷亭の話によつて見ると，別段見習ふにも及ばない人間の様である。……」(中略)
　吾輩は猫である。猫の癖にだうして主人の心中をかく精密に記述しうるかと疑ふものがあるかも知れんが，此位(この)な事は猫にとつて何でもない。吾輩は是で読心術を心得て居る。　　(九)
d　主人も少々不審に思つた。　　(十)
e　(吾輩は)其時(その)苦しいながら，かう考へた。　　(十一)

問1　日常言語と異なる用法のものは，どれとどれか。
問2　cの後半は，「猫」による弁解である。なぜ，弁解が必要なのであろうか。
問3　dの表現は，どう解釈すればよいのだろうか。

(2) 下の表を観察し，下の設問に答えなさい。

私は	背が高い。	とても嬉しい。	それで困った。	ありがたいと感じた。
君は	背が高い。	とても嬉しい。	それで困った。	ありがたいと感じた。
彼は	背が高い。	とても嬉しい。	それで困った。	ありがたいと感じた。

問1　次の形容詞を「高い」のグループと「嬉しい」のグループに分けなさい。
　　　ア．広い　イ．大きい　ウ．楽しい　エ．寂しい　オ．赤い　カ．悲しい

問2　「高い」のグループ，「嬉しい」のグループの共通点を，状態主や感情主の人称との関係でまとめてみよう。
問3　「君はありがたいと感じた。」「彼はありがたいと感じた。」という表現が

可能な場合がある。その場合，「感じた」の主体が「君」や「彼」であるかどうか考えてみよう。

(3) 形容動詞において，人称制限があるかどうか調べてみよう。

(4) 次の動詞や慣用句などに人称制限があるかどうか調べてみよう。
ア．分かる　イ．よく聞こえる　ウ．腹が立つ　エ．気がする　オ．目から火が出た　カ．理解する　キ．よく聞いている　ク．立腹する　ケ．気にする　コ．衝撃を受けた

(5) 人称制限がある動詞にはどのようなものがあるか調べてみよう。

■ 参考文献

1) 小西甚一「能の特殊視点」『文学』5月号（岩波書店，1966）
2) 熊倉千之『日本人の表現力と個性』（中央公論社，中公新書，1990）
3) 仁田義雄『日本語のモダリティと人称』（ひつじ書房，1991）
4) 野口武彦『三人称の発見まで』（筑摩書房，1994）
5) 小森陽一『小森陽一，ニホン語に出会う』（大修館書店，2000）
6) 小池清治『日本語はいかにつくられたか？』（筑摩書房，ちくまライブラリー，1989，ちくま学芸文庫，1995）
7) 小池清治「漱石の日本語」柄谷行人他著『漱石をよむ』（岩波書店，1994）
8) 小池清治・鄭　譚毅共著「『言文一致運動』の展開に見る日本・中国の相違」『宇都宮大学国際学部研究論集』12号（宇都宮大学，2001）

第3章　『夢十夜』（漱石）は一つの文章か？

【語用作品論】

キーワード：文法，文法的文章論・語用文章論・語用作品論，ユニフォーム文

1. 文法的文章論の必要性＝「はい，そうです。」は正しい日本語か？＝

　ある言語表現が適切なものか否かの判断は，「文」レベルの決まり，すなわち，文法による観点，文論の観点からだけでは不十分である。
　たとえば，「これは，鯛(たい)ですか？」という，肯定否定疑問文による問いかけに対する答えとして，「はい，そうです。」と表現することは，文内部の語と語，文の成分同士の関係などを問題とする文法，文論の範囲はおいてはなんら問題がない。立派な日本語の文なのである。
　ところが，「これは，何ですか？」という疑問詞疑問文による問いかけに対する答えとして，「はい，そうです。」と表現することは不適切なものということになる。文章に現われる，表現主体と語・文の運用に関する決まり，語用の点で問題のある表現なのだ。言い換えると，「文法的文章論」の観点からは不適切な表現なのである。
　すなわち，「はい，そうです。」という日本語が正しいか否かは文の観点，文法の観点，文論の観点だけでは判断できない。文章を対象とする，語用の観点を入れてこそはじめて正確な判定がくだせるのである。
　したがって，ことばの規則に関する研究は，文のみを対象として行う文論だけでは不十分で，原則として複数の文で構成される文章を考察の対象として行う，「文法的文章論」にまで拡大しなければならない。
　日本語の品詞の一つとして接続詞が認められているが，接続詞の基本的機能は，文と文とを接続する機能である。接続詞を研究するためには，文と文との

関係について考察しなければならない。当然，文の内部だけを観察するだけではことは済まない。文を越えて観察する必要がある。接続詞を品詞の一つと認定することは，「文法的文章論」の必然性を導くものでもあった。文論の基礎となる品詞論を論ずる過程において，実はすでに「文法的文章論」は胚胎され，その必要を予約されていたのである。

このような「文法的文章論」の必要性を提唱したのは時枝誠記であった。この考えは，国語教育的観点からは永野賢・市川孝らにより継承され，日本語教育的観点からは寺村秀夫らにより継承され，今日の文法研究の主流となっている。

時枝誠記は，単に「文章論」としたのでは，文学的研究と誤解されると懸念し，「文法的文章論」という術語を使用したが，本書は，文と文章，文法と語用を峻別するので，時枝の「文法的文章論」を言い換えて，以下「語用文章論」という用語を術語として用いることにする。

2. 語用作品論の必要性＝時枝誠記の「文章」の定義の問題点＝

時枝誠記による「文章」の定義は以下のようなものである。

> 文章は，従来，語及び文の集積或いは運用として扱はれたもので，例へば，芭蕉の『奥の細道』や漱石の『行人』のやうな一篇の言語的作品をいふのである。これらの文章が，それ自身の統一体であることに於いて語や文と異なるものでないことは明らかである。
>
> （『日本文法 口語篇』「総論 四（二）」）

文章が，語や文と同じように統一体であるということはわかるが，語や文とどう異なる統一体なのかについては，曖昧で理解しかねる。彼は，「芭蕉の『奥の細道』や漱石の『行人』のやうな一篇の言語的作品」を例にして説明しているが，例示による定義は常に曖昧性から逃れることができない。時枝誠記による「文章」の定義も曖昧であり，定義の役目を果たしていない。

ところで，文章の例の一つとして，清少納言の『枕草子』や夏目漱石の『夢十夜』を挙げたとしたらどういうことになるのであろうか。

『枕草子』の「春は曙」などの随筆的章段と「上にさぶらふ御猫は」などの

日記的章段との間には、一体どのような関連性や統一性が認められるのであろうか。さらに、これらの章段と「うつくしきもの」「山は」「寺は」「遠くて近きもの」「近うて遠いもの」などの類聚(るいじゅう)的章段との間にどのような文章としての関連性や統一性があるのであろうか。筆者には、なんらの関連性も認められない。また、統一体としての有機的結び付きも読み取ることができない。『枕草子』を一つの「文章」ということには無理があると思われる。

　一方、「春は曙」の章段には、「春は曙。……。夏は夜。……。秋は夕暮れ。……。冬は早朝(つとめて)。……。」のように、しっかりとした構成と呼応とが認められ、みごとな統一体となっていることがわかる。このまとまりの中から、「夏は夜」の段落を欠落させたら、不完全さを感じ取ることは明白である。「秋は夕暮れ」の段落を取り去ったら、血が流れ出ることだろう。したがって、これは有機的結合体、統一体であって、これを「文章」ということにはなんらの疑問もないのである。

　『枕草子』が「文章」であり、「春は曙」も「文章」であるとすれば、「文章」は定義不可能なものとなる。

　時枝誠記のいう「一篇の言語的作品」と「文章」とは、レベルを異にする言語単位と認めた方がより有効なのではなかろうか。すなわち、『枕草子』は「言語的作品」であり、「春は曙」は「文章」であるとするのである。さらに、言語的研究の対象となる単位として名付ければ、前者は「作品」、後者は「文章」となる。そして、前者を研究したものは、「語用作品論」となり、後者を対象とした研究は「語用文章論」ということになる。

　ところで、どのような点でレベルを異にするのかというと、メッセージの点において、レベルを異にすると著者は考える。

　『枕草子』という「作品」のレベルのメッセージは、皇后定子に向けたもので、「お預かりした紙に、私が書いたものをお届けいたします。日頃考えたり感じたりしていること（随筆的章段）、皇后様のお側近くにお仕えして見聞したこと（日記的章段）、和歌を作る時の参考までにとメモにしたことなど（類聚的章段）を書きました。これが私の内面です。とりとめもないものですが、どのようにもお読みなしください。」というようなものであったろう。このようなメッセージを伝えるためには、随筆的章段や日記的章段、類聚的章段が必

要となる。

　「春は曙」という「文章」レベルのメッセージは，皇后定子を含む定子サロンに集う貴族の男女に向けたもので，「古今和歌集の編纂以来，自然や時の運行を春夏秋冬の四季に区切ってみるのがわが国の習わしになり，皆様，四季の情趣を言語化することにあれこれ憂き身をやつしていらっしゃいますが，ここに私の四季観をまとめてみました。いかがかしら。」とでもいうものだったろうか。このようなメッセージを伝えるためには，日記的章段や類聚的章段は必要ない。

　「作品」と「文章」とではメッセージの内容や送る対象などが異なるのである。したがって，「作品」を統一する観点と「文章」を統一する観点とは当然異なることになる。

　なお，清少納言の『枕草子』に限らず，一般に随筆集のジャンルに入るものは，複数の「文章」からなる一つの「作品」という形をとる。たとえば，夏目漱石の『永日小品』は，「元日・蛇・泥棒（上・下）・柿……金・心・変化・クレイグ先生（上・中・下）」など，25の文章から成立している。

　なお，「上・下」「上・中・下」とあるものは，すべて，一つの文章と数える。一日の掲載分という物理的観点により分割されたもので，「文章」という観点から分割されたものではないからである。

3.『夢十夜』（漱石）は一つの文章か？

　夏目漱石の『夢十夜』の場合はどうであろうか。この作品は十の夢で構成されている。

　　第一夜の夢。死の床で女がいう。「死んだら，埋めて下さい。大きな真珠貝で穴を掘つて。さうして天から落ちて来る星の破片を墓標に置いて下さい。さうして墓の傍に待つてゐて下さい。又逢ひに来ますから」と。
　　何時逢いに来るのかと「自分」は女に問う。女の答えは，「百年待つてゐて下さい」というものであった。
　　「自分」は苔の上に座り，天道を追い，日を数える。どのくら

い経ったのだろうか。青い茎が延び，一輪の白百合の花が開き，「自分」は花弁に接吻する。頭上には，「暁の星がたつた一つ瞬いて」いる。「百年はもう来てゐたんだな」と「自分」はこの時，始めて気が付く。

第二夜の夢。侍である「自分」は禅寺で座禅を組み，死ぬ覚悟で，悟りを開こうとしている。「御前は侍である。侍ならば悟れぬ筈はなからう」と和尚は挑発する。しかし，いくらあせっても，悟りを開くことができない。時間が容赦なく過ぎていく。「時計がチーンと鳴り始めた。はつと思つた。右の手をすぐ短刀に掛けた。時計が二つ目をチーンと打つた。」

第三夜の夢。「六つになる子供を負つてゐる。慥に自分の子である。」この子はなぜか盲目である。雨の田圃道を歩き，ある杉の木のもとに来る。盲目の子供がいう。

「御父さん，其の杉の根の所だつたね」
「うん，さうだ」と思はず答へて仕舞つた。
「文化五年辰年だらう」
成程文化五年辰年らしく思はれた。
「御前がおれを殺したのは今から丁度百年前だね」

「自分」は，百年前に，一人の「盲目」を殺していたことに気付く。

　漱石の『夢十夜』は，このように相互になんの関連も見出せない夢についての話が十，語られる作品である。

　第一夜の夢は，極めてロマンチックである。第二夜の夢は，緊迫感の漂う夢である。第三夜の夢は，怪談といってもよいほどの，不気味な夢である。

　もっとも，第一夜と第三夜の夢には関連がないとも言い切れないものがある。どちらも，「人の死」が扱われ，「百年」という時間の経過が共通する。しかし，だからといって，この二つの夢の話を一つの統一体とするには無理があろう。

　第四夜以降は，かいつまんで紹介する。

　第四夜の夢。売り声を唱えながら河に消えていってしまう飴売りの爺さんの

話。

第五夜の夢。神代に近い昔のこと，捕虜になっている「自分」に馬に乗って逢いに来る女が，途中天探女にだまされ，深淵に沈んで死んでしまう話。

第六夜の夢。護国寺の山門で，運慶仁王を刻んでいるのを見た「自分」は，真似をして，樫の木を刻む。そして，明治の木には仁王は埋まっていないと悟る話。

第七夜の夢。「自分」は西へ進む大きな船に乗っている。生きていることに空しさを感じ，海に飛び込む。その落下の途中，無限の後悔と恐怖を感じる話。

第八夜の夢。「自分」は床屋で散髪をしている。前の鏡に色々な人物が映る。女を連れた庄太郎・豆腐屋・芸者・十円札を数える女などである。散髪を終えた「自分」は，金魚売りが運んできた小判型の桶の中の金魚を眺める。「金魚はちつとも動かなかつた。」という話。

第九夜の夢。夢の中で母から聞いた悲しい話。幕末のことである。侍の夫は闇夜に外出したきり何年も帰宅しない。妻は夫の無事を祈りお百度参りをする。父の安否を気遣う幼児を拝殿にくくりつけて，妻はお百度参りを続ける。夫は，「とくの昔に浪士の為に殺されてゐたのである。」

第十夜の夢。「健さん」から聞いた庄太郎の経験した不思議な話。庄太郎が美人の女のお供をしていくと，急に「絶壁の天辺」へ出る。そこに豚が押し寄せてくる。落ちまいとして，庄太郎はステッキで「豚の鼻頭」を打つ。打たれた豚は絶壁のしたに落ちていく。しかし，豚は次から次へと庄太郎目掛けて押し寄せてくる。この業を七日六晩続け，庄太郎はついに絶壁の上に倒れる。庄太郎は帰ってきて，この経験を語ったが余命は少ないだろう。

以上にみた通り，十の夢には相互に脈絡がない。時枝誠記が期待する「一つの統一体」の姿を認めることは不可能である。唯一共通する点は，荒唐無稽な夢の話という点だけなのである。

一方，それぞれの夢の内部は一つの話，一つの統一体となっている。これらの夢についての文の集合体は「文章」と認められる。では『夢十夜』は何なのであろうか。これは「一篇の言語的作品」と言うほかない。「一篇の言語的作品」と「文章」とは時枝誠記の言うように同一概念ではない。別の概念なのである。時枝誠記が例示した「芭蕉の『奥の細道』や漱石の『行人』」はたまたま，一つの「文章」が一つの「作品」を構成している「作品」であった。そのため，彼は，「一つの言語的作品」イコール「文章」と誤認してしまったと考えられる。

漱石の『夢十夜』の検討においても，「文章」という統一体のほかに，というより上位の統一体として「作品」という単位を認定すべきだという結論が得られるのである。

4.「語用作品論」を認定する利点＝ユニフォーム文＝

ここでは，「作品」と「文章」とを区別して扱うことの意味，利点について述べる。

漱石は『夢十夜』の「第一夜」を次のように書き始めている。

　　こんな夢を見た。

以下，先に紹介した第一夜の夢の内容が語られる。第二夜，第三夜も同様である。第四夜は，この冒頭の一文を省略し，いきなり，飴売りの爺さんについての叙述が展開されるが，第五夜はまた，「こんな夢を見た。」が反復される。しかし，第六夜以降最後の第十夜にいたるまで，この説明的文，額縁的文は省略されている。

第一夜という「文章」における「こんな夢を見た。」という文の意味は単純で，「以下に書き記すものは，夢の話です。荒唐無稽なところがありますが，なにしろ夢なのですから，そのつもりでお読みください。」というものであろう。

ところが，第二夜，第三夜，第五夜の「こんな夢を見た。」の意味内容は，より複雑になる。「これもまた，夢の話ですよ。相変わらず荒唐無稽な夢の話ですから，その点お忘れなきように。」という意味になる。厳密に言えば，第

二夜と第三夜の「こんな夢を見た。」の意味も異なり，第五夜の「こんな夢を見た。」の意味もまた異なるのであるが，第一夜との違いほど大きくはないので省略する。

　第二夜以降の「こんな夢を見た。」という文には，この「文章」も第一夜と同種のものですよという意味が付加される。いわば，ユニフォームの役割をしているので，以下このような文をユニフォーム文という。

　『夢十夜』というタイトルは，説明なしで理解できるほど熟した日本語ではない。このタイトルのもとに，一体何が書かれるのか，読者は疑問に思う。そこで，漱石は「こんな夢を見た。」と説明し，読者は漱石が見た夢の話の紹介なのだなと理解する。この説明が二度三度繰り返されれば，以下は，説明なしで読者は夢の話と理解するだろう。そういうことで，第四夜は冒頭文が省略された。第五夜の「こんな夢を見た。」は念押しであり，第六夜以降は省略に従っている。

　もし，『夢十夜』が一つの「文章」であったなら，この反復は冗漫で堪えがたいものになる。構成，行文（こうぶん）にやかましい漱石であるから，この重複は避けるはずなのだ。しかるに，漱石は，律儀（りちぎ）に反復している。それは，『夢十夜』が「作品」だからである。

　「文章」の上位の単位として「作品」という単位を設定する利点の一つは，「こんな夢を見た。」の反復に有効な解釈を与えることができるというところにある。

　日本文学史においてユニフォーム文を最初に用いた「作品」は『伊勢物語』である。「むかし，男ありけり。」という文が繰り返される。第二，三，五，六，七，八，九，十二，二十五，四十五，四十八，五十，五十二，六十，六十九，八十四，八十五，九十四，九十六，百二，百三，百二十三段，計22の章段の冒頭にユニフォーム文が掲げられている。

　この事実は，『伊勢物語』を在原業平（ありわらのなりひら）の一代記として読む，読み方を否定する。もし，一代記という一元的物語であれば，かくも多くの冒頭形式を必要としないからである。かくも多くのユニフォーム文の存在は，歌物語という短編の連鎖ということを意味するものなのである。

　「昔男」（むかしおとこ）は在原業平とするのが定説であるが，業平に限定されるものではな

い。こういう知見は，「作品」と「文章」を区別することによって，得られるものなのである。

『伊勢物語』におけるユニフォーム文の使用は，『夢十夜』と同様に部分的であるが，全編全作品の冒頭を「今は昔」という同一の口上で飾ったのは『今昔物語集』であった。

■ 発展問題

(1) 次の各文は井伏鱒二『山椒魚』からのものである。下線部の代名詞（人称代名詞・指示代名詞）や連体詞の意味・用法を考える場合，文の内部だけを観察し，文法だけを考察すればよいのか，文を越えた文章について観察し，語用について考察しなければならないのかについて，判断しなさい。

a 山椒魚は悲しんだ。
　<u>彼</u>は彼の棲家である岩屋から外に出てみようとしたのであるが，頭が出口につかえて外に出ることができなかったのである。

b 山椒魚は，杉苔や銭苔を眺めることを好まなかった。寧ろ<u>それ等</u>を疎んじさえした。

c 山椒魚は岩屋の出入口から，谷川の大きな淀みを眺めることができた。<u>そこ</u>では水底に生えた<u>一叢</u>の藻が朗らかな発育を遂げて，一本ずつ細い茎でもって水底から水面まで一直線に伸びていた。そして水面に達すると突然<u>その</u>発育を中止して，水面から空中に藻の花をのぞかせているのである。

d 「お前は莫迦だ」
　「お前は莫迦だ」
　<u>彼等</u>は<u>かかる</u>言葉を幾度となくくり返した。

(2) 「こう・そう・ああ・どう」という指示副詞を用いて短文を作りなさい。一文だけで，それらの指示副詞の意味・用法がわかるか否か判定しなさい。

(3) ユニフォーム文以外の「作品」固有の表現について調査してみよう。

(4) 「文章」の定義について時枝誠記説以外にどのようなものがあるか調べてみよう。

■ 参考文献

1) 時枝誠記『日本文法 口語篇』(岩波書店, 1950)
2) 時枝誠記『文章研究序説』(山田書店, 1960)
3) 森岡健二『文章構成法』(至文堂, 1965)
4) 永野 賢『文章論詳説』(朝倉書店, 1972)
5) 市川 孝『国語教育のための文章論概説』(教育出版, 1978)
6) 市川 孝『講座 日本語と日本語教育5』(明治書院, 1989)
7) 市川 孝『文章についての国語学的研究』(明治書院, 1989)
8) 国立国語研究所『日本語の文法(上)(下)』(大蔵省印刷局, 1978, 1981)
9) 寺村秀夫・佐久間まゆみ・杉戸清樹・半澤幹一『ケーススタディ 日本語の文章・談話』(おうふう, 1990)
10) 小池清治『現代日本語文法入門』(筑摩書房, ちくま学芸文庫, 1997)

第4章　飛んだのはシャボン玉か，屋根か？

【語用文章論】

キーワード：主語・主題（題目），多義文，省略・削除，共通項削除の法則，呼称詞

1.「シャボン玉」の歌の意外な解釈＝「屋根まで飛んだ。」は多義文＝

野口雨情(のぐちうじょう)作詩，中山晋平(なかやましんぺい)作曲の童謡「シャボン玉」の歌詞は次のようになっている（下線，波線は筆者）。

　　「シャボン玉」
　シャボン玉　飛んだ。
　屋根まで　飛んだ。
　屋根まで　飛んで，
　壊れて　消えた。
　風，風，　吹くな。
　シャボン玉　飛ばそ。

森田良行(もりたよしゆき)は，『日本人の発想，日本語の表現＝「私」の立場がことばを決める＝』において，朝日新聞の家庭欄に掲載された，35歳の主婦の子息の小学生がくだした，この歌の下線部の解釈（誤解）に関する投書を次のように紹介しつつ，自説を展開している。

　［投　書］　シャボン玉の威力
　　　　　　学校から帰るとすぐ息子が
　　　　　「おかあさん，おかあさん，シャボン玉の歌っておもしろいよね」
　　　　　「えーなにが？」

1.「シャボン玉」の歌の意外な解釈＝「屋根まで飛んだ。」は多義文＝

「どうしてシャボン玉とばすと，屋根までとんじゃうの？」
(朝日新聞朝刊，平成2年1月14日)

［森田説］「シャボン玉飛んだ　屋根まで飛んだ」は「(シャボン玉が)屋根まで飛んだ」であり，動作主「シャボン玉」が主語に立つ文型だから，場所の「まで」となるのである。これがただ，「屋根まで飛んだ。」なら，「台風で屋根まで飛んだ」のように動作主は「屋根」となり，「まで」は「までも，さえ」という添加の副助詞となってしまう。

　森田は，第一文の「シャボン玉」という主語が「文末を越えて，次の文まで係っている」(同書，109頁)と考えているが，これは少し変だ。

　森田は，「(シャボン玉が)」と補っている。この補いには格助詞「が」が使用されている。係助詞「は」には，三上 章(みかみあきら)が指摘しているように，「ピリオド越え」の機能が認められるが，格助詞「が」は，動詞文においては，文内の用言と関係し，格関係の意味的類型を指定する機能しかない。「文を越えて」働く機能は付与されていないのであるから，森田説は成立しない。

　第二の問題点は，原文が「シャボン玉飛んだ。」であり，「シャボン玉が飛んだ。」ではないことだ。

　野口雨情はこの歌詞を，話しことばで書いている。そのことは，第五文の「シャボン玉飛ばそ。」において，格助詞「を」を使用していないことや「そ」という短縮形を使用していることからも歴然としている。主格助詞「が」や対格助詞「を」が期待されるところに，これらが使用されないのは，話しことばの特徴であるからである。

　ちなみに，話しことばにおいて，a，b，cはそれぞれ異なる言語内容を有する。

a　シャボン玉　飛んだ。
b　シャボン玉が　飛んだ。
c　シャボン玉は　飛んだ。

　aの無助詞文は，現象を目に見えたままに表現した，ニュートラルな報告文であり，bのガ格表示の文は，「シャボン玉」を取り立てた報告文で，「シャボ

ン玉以外は知らないが,とにかくシャボン玉が飛んだ。」の意,cの係助詞ハによる題目表示文は,「シャボン玉」を排他的に取り立てた説明文で,「シャボン玉以外は飛ばなかったが,シャボン玉は飛んだ。」の意なのである。

したがって,「シャボン玉　飛んだ。」という原文aを,不用意に「（シャボン玉が)」のように,bにしてしまっては解釈を誤ることになる。

ところで,森田説が不適当であるとすれば,「屋根まで飛んだ。」の多義性と,これを一義に規定する力について,どのように考えればよいのであろうか。

2.「題」の威力

筆者は,毎年日本語論や口語文法の講義において,「シャボン玉」の歌の下線部,「屋根まで飛んだ。」の部分を二つの情景画にせよと学生に要求している。

一つ目の絵は,シャボン玉がゆらゆらと屋根まで飛んでいく様が描かれ,二つ目の絵は,強風などで,屋根が吹き飛ぶ様が描かれる。頭の固い学生は,二つ目の絵が描けずに四苦八苦する。

次の課題は,二つ目の絵は,原文が要求する絵でないことがわかるのは,どの部分でわかるのかというものである。

大部分の学生は,上記の波線部,「壊れて消えた。」の部分を指摘する。確かに,「屋根」は壊れることはするが,消えることはしない。

しかし,波線部は,下線部の後ろに現われるのであるから,それが正しいとすれば,波線部が現われるまでは,「屋根まで飛んだ。」は多義のまま,曖昧なままにうち置かれることになってしまう。ところが実際は最初から,二つ目の絵が頭に描かれることはない。普通は,一瞬たりとも,二つ目の絵は頭に浮かばないのである。したがって,投書で紹介された小学生の解釈は,意外な解釈として母親の注意を引き,おもしろい解釈として報告されたのであろう。

では,どのような仕組みで,二つ目の絵は排除されているのであろうか。正解は,「題に『シャボン玉』とあるから。」である。

題が,「ある日の出来事」とか「台風の時の出来事」とかあれば,二つ目の絵の可能性も出てくるが,「シャボン玉」という題のもとでは,はじめから,二つ目の絵の可能性は全くないのである。

「シャボン玉」という題は，この題のもとに現われるすべての文に影響を与えている。このことを，あえて文レベルで表現してみると，次のようになる。

　　（シャボン玉は）シャボン玉　飛んだ。
　　（シャボン玉は）屋根まで　飛んだ。
　　（シャボン玉は）屋根まで　飛んで　壊れて消えた。

　こう考えると，森田説「動作主『シャボン玉』が主語に立つ文型」を根拠とする考えが誤りであることがはっきりする。「主語」の省略ではなく，実際は，「主題」または「題目」が削除されたものなのである。

3. 日本語における共通項削除の法則＝省略と削除＝

数学では，次のような数式化を行う。

　　$aa + ab + ac + \cdots\cdots = a(a + b + c + \cdots\cdots)$

共通項を（　）の外に出すという方式である。
　日本語では，この方式を表現形式として，昔から採用していた。

　　シャボン玉（シャボン玉飛んだ＋屋根まで飛んだ＋屋根まで飛んで，壊れて消えた）

「題」は共通項であったのだ。
　このことは，なにも，「シャボン玉」の歌に限ったことではないが，紙幅の関係で二つの例を挙げるにとどめる。

夏目漱石『坊つちやん』
　　（坊つちやんは）親譲りの無鉄砲で小供の時から損ばかりしてゐる。
　　（坊つちやんは）小学校に居る時分学校の二階から飛び降りて一週間ほど腰を抜かした事がある。
　　（坊つちやんは）なぜそんな無闇をしたかと聞く人があるかも知れぬ。別段深い理由でもない。
　　（坊つちやんは）新築の二階から首を出してゐたら，同級生の一人が冗談に，いくら威張つても，そこから飛び降りることは出来まい。弱虫やーい，と囃したからである。
　　（坊つちやんは）小使に負ぶさつて帰つて来た時，おやぢが大きな眼をし

て二階位(ぐらい)から飛び降りて腰を抜かす奴(やつ)があるかと云つたから，この次は抜かさず飛んで見せますと答へた。

　漱石は，冒頭文より，動作主を明示しない文をずらずらと書き連ねている。この「作品」の語り手，すなわち，動作主が「おれ」と自称する人物であることがわかるのは，第一文から数えて26番目のセンテンス，「仕舞(しまい)に苦しがつて袖(そで)の中から，おれの二の腕(うで)へ食い付いた。」なのである。しかも，みる通り，改まっての名乗りではない。これが主語を文の必須要素とする英文だったら，こういう気楽さを楽しむわけにはいかないだろう。

　ところで，読者は，26番目のセンテンスまで，動作主の不在に悩まされるであろうか。そんなことはない。漱石は，はじめからちゃんと動作主を礼儀正しく『坊つちやん』と紹介しているのである。本文にそれがないからといって，動作主の捜索願いを出す人間は日本語がわかっていない人物である。日本語では，動作主が明示されない，いわゆる無主語文の場合，原則として，語り手・書き手が動作主となるのである。

　さて，ことわっておくが，上に示した「(坊つちやんは)」は，文の成分としては，「主題」または，「題目」であり，主語ではない。「主題」「題目」であるがゆえに，多くの文に関与しうるのである。文の内部で全力を使い果たす，格助詞「が」によって，提示される「主語」ではありえないのである。

　「(坊つちやんは)」について，もう一つ言及しておかねばならないことがある。これらは，省略されたものではないということである。省略とは，あるべきものが省かれるという意であるが，「坊つちやんは」は，あるべきものではないのである。あってはならないものを除くことを削除という。これらの「(坊つちやんは)」は削除されたものなのだ。

　この「作品」は前述の通り，語り手が「おれ」と自称する人物なのである。「坊つちやん」は，「下女(げじょ)」の「清(きよ)」が使用する「おれ」に対する呼称詞であるのだから，「おれ」は使用できない。そればかりか，「坊つちやん」とは，「世間知らずの子供」を含意する二十三歳にもなった男（『坊つちやん』の主人公(や ゆ)）に対しては揶揄的呼称なのである。この点から言っても，「(坊つちやんは)」が文の構成要素になる資格はないのである。

では,「(坊つちやんは)」の代わりに,「(おれは)」という自称詞にしてみたらどうであろうか。もし,漱石が小学生や中学生程度の稚拙な書き手であったら,「おれは親譲りの無鉄砲で小供の時から損ばかりしてゐる。」と書き起こしたかもしれない。この文は原文と比較すると稚拙ではあるが立派な日本語である。

　しかしだからと言って,第二文以下もこの調子で,「おれは,小学校に居る時分……。おれはなぜそんな無闇をしたか……。おれは,新築の二階から……。おれは小使に負ぶさつて……。」などと書くことは不可能だろう。これらの「おれは」は日本語としては,あってはならないものなのだ。あってはならないものを省くのは,繰り返すが,削除であって,省略ではない。

志賀直哉(しがなおや)『赤西蠣太』

　　　　　　　昔,仙台坂(せんだいざか)の伊達兵部(だてひやうぶ)の屋敷に未だ新米(しんまい)の家来(けらい)で,赤西(あかにし)蠣太(かきた)といふ侍(さむらい)がゐた。
(赤西蠣太は)　三十四五だと云ふが,老けて居て四十以上に誰の眼(め)にも見えた。
(赤西蠣太は)　容貌は所謂醜男(いわゆるぶおとこ)の方で言葉にも変な訛(なまり)があつて,野暮臭(やぼくさ)い何処(どこ)までも田舎侍(いなかざむらい)らしい侍だつた。
(赤西蠣太は)　言葉訛は仙台訛とは異つてゐたから,秋田辺(あきたへん)だらうと人は思つて居たが実は雲州(うんしゅう)松江の生れだと云(い)ふ事だ。
(赤西蠣太は)　真面目に独りこつこつと働くので一般の受けはよかつたが,特に働きのある人物とも見えないので,才はじけた若侍(わかざむらい)達は彼を馬鹿にして,何かに利用するやうな事をした。蠣太はさう云ふ時には平気で利用されて居た。

　漱石の『坊つちやん』は,「おれ」という視点人物による一人称視点による語りの文体であったが,志賀直哉の『赤西蠣太』は,「赤西蠣太」という人物を主人公とする三人称視点による語りの文体である。

　志賀は,冒頭の第一文において,「赤西蠣太といふ侍がゐた。」と丁寧に紹介している。志賀が漱石に比較して,稚拙であるというのではなく,『坊つちやん』との相違は,一人称視点の語りと三人称視点の語りの相違に由来するもの

であろう。第二文以下は，共通項削除の法則に従い，志賀は「(赤西蠣太は)」という主題（題目）を削除している。

　題が「作品」「文章」を構成する，すべての文の構造，意味に関与することの証明は以上で十分であろう。

　文の構造分析，意味解釈は文の内部だけの観察では不十分なのである。語用文章論的観察と分析，語用作品論的観察と分析が必要なのである。

■ 発展問題

(1) 『源氏物語』の構成は次のようになっている。この構成を前提とした時，この作品の題として，ふさわしいのは『光源氏の物語』か，『源氏物語』か。
［構　成］

		主人公	ヒロイン	帖巻
正篇	第Ⅰ部	光源氏（誕生〜39歳）	藤壺・紫の上・葵の上	桐壺〜藤裏葉
	第Ⅱ部	光源氏（40歳〜晩年）	紫の上・女三の宮	若菜上〜幻
続篇		薫・匂宮	大君・中君・浮舟	匂宮〜夢浮橋

(2) 川端康成(かわばたやすなり)の『雪国』は，次のように発表され，後に「一篇の言語的作品」として，まとめられている。

　① 夕景色の鏡（「文藝春秋」1935年1月）
　② 白い朝の鏡（「改造」1935年1月）
　③ 物語（「日本評論」1935年10月）　創元社版『雪国』（1937年6月）
　④ 徒労（「日本評論」1935年12月）
　⑤ 萱の花（「中央公論」1936年8月）
　⑥ 火の枕（「文藝春秋」1936年11月）
　⑦ 手毬歌（「改造」1937年5月）　新潮社版『雪国』（1980年4月）
　⑧ 雪中火事（「公論」1940年12月）
　　＊改稿「雪国抄」（「暁鐘」1946年5月）
　⑨ 天の河（「文藝春秋」1941年8月）
　　＊改稿「続雪国」「小説新潮」1947年10月）

　問1　「夕景色の鏡」を，一つの「作品」として，すなわち，一文章一作品として読んだ場合と，新潮社版『雪国』の一部として，すなわち，九文章一作品の一章として読んだ場合と，どう異なるかについて考えてみよう。

問2 『雪国』のクライマックスは「天の河」にあるとされているが、これを欠く創元社版『雪国』と、これを有する新潮社版『雪国』とは、作品として、どのように異なるか、作者のメッセージはどう異なるか考えてみよう。

(3) 松尾芭蕉『おくのほそ道』の「旅立ち」の句は、「行く春や鳥啼き魚の目は泪（なみだ）」（作品の一部）となっているが、実際の旅立ちに際して詠まれた句、初案は、「鮎（あゆ）の子のしら魚送る別れ哉（かな）」（一文章一作品）であった。『おくのほそ道』は、実際の旅の後3年以後に起筆されているのであるが、この改変にはどのような意味があるのであろうか。作品末尾の句、「行く秋をふたみに別れ行く秋ぞ」との関連で考えてみよう。

(4) 夏目漱石の『吾輩は猫である』という作品の題は、この作品の初稿を掲載した「ホトトギス」の編者高浜虚子（たかはまきょし）の提案に従ったもので、漱石自身は『猫伝』という題を考えていたとのことである。この作品を『吾輩は猫である』として読んだ場合と、『猫伝』として読んだ場合とで、どう異なるか考えてみよう。

■ **参考文献**

1) 森田良行『日本人の発想，日本語の表現＝「私」の立場がことばを決める＝』（中央公論社，中公新書，1998）
2) 三上 章『象ハ鼻ガ長イ』（くろしお出版，1960）
3) 田窪行則・西山佑司・三藤 博・亀山 恵・片桐恭弘『岩波講座 言語の科学7 談話と文脈』（岩波書店，1999）
4) 寺村秀夫・佐久間まゆみ・杉戸清樹・半澤幹一『ケーススタディ 日本語の文章・談話』（おうふう，1990）
5) 今西典子・浅野一郎『新英文法選書11 照応と削除』（大修館書店，1990）
6) 秋山 虔『源氏物語』（岩波書店，岩波新書，1968）
7) 羽鳥徹哉・原 善編『川端康成全作品研究事典』（勉誠出版，1998）
8) 尾形 仂『おくのほそ道評釈』（角川書店，2001）
9) 江藤 淳『漱石とその時代 第一部』（新潮社，1970）
10) 小池清治・小林賢次・細川英雄・山口佳也編『日本語表現・文型事典』（朝倉書店，2002）

第5章　真に文を終結させるものは何か？＝「陳述単語観」について＝

【文論】

キーワード：陳述・叙述，述語，終助詞・零記号・モダリティ・イントネーション

1. 文終止マークとしての陳述は非分節音（イントネーション）で表される

　山田孝雄が『日本文法論』で提唱した「陳述」という概念は，日本語の文を定義づける概念として，構文論の要となり，その後の文法学説の試金石となった。しかし，提唱者山田孝雄の「陳述」についての定義が明確でなく，用法に幅があったために，その後，多くの議論を呼び起こすことになった。その紛糾の状態については，大久保忠利『日本文法陳述論』が詳しく論じるところである。紛糾の余波は今日まで及んでいる。尾上圭介「文をどう見たか―述語論の学史的展開―」（『日本語学』15巻9号）も大久保とは違った観点からではあるが，時枝誠記・渡辺実・芳賀綏・南不二男・北原保雄・金田一春彦・宮地裕・仁田義雄・益岡隆志諸氏の述語論を検討する中で，結果的に諸氏の陳述観を検証したものになっている。

　山田孝雄に始まり仁田義雄・益岡隆志・尾上圭介にいたる，極めて多岐にわたる陳述論のすべてにおいて共通することがある。それは，陳述を表す言語単位を，用言あるいは助動詞・助詞などの分節音で表されるなんらかの単語に求めようとすることである。本章では，これらの諸説を一括して「陳述単語観」と呼ぶことにする。

　陳述を文終止のマーク，文を終止・終結させるなんらかの力と定義づけた場合，これら多くの努力のもとになされた陳述単語観は不毛の砂漠に緑樹を求めるようなものであったことになる。陳述という青い鳥は分節音で表される単語の海には存在しない。陳述は，非分節音＝イントネーションの形でなされるの

1. 文終止マークとしての陳述は非分節音（イントネーション）で表される

である。筆者はこの主張を拙著『日本語はどんな言語か』（ちくま新書，1994）においてすでに略述しているが，新書版という本の制約，紙幅の制約があり，詳述することができなかった。本章ではそれを敷衍し，拙論の不備を補うつもりである。

山田孝雄は，「鳥が　飛ぶ。」「鳥は　飛ぶ。」の「飛ぶ」に陳述があると言う。時枝誠記は「梅の花が咲いた。」の「た」に陳述があると言う。渡辺実は「桜の花が咲く。」の「咲く」に陳述があると言う。確かに，例示された文においては，それぞれの言う通りのようにみえる。しかし，これらの例文を疑問文に変えてみたとき，果たして同じことが言えるだろうか。

　　鳥が　飛ぶ？　　鳥は　飛ぶ？
　　梅の花が　咲いた？
　　桜の花が　咲く？

これらの文において，最終的表現は「？」であることは明らかである。「陳述」を，文を終止・終結させる力と定義した場合，この力を発揮しているのは，書きことばでは疑問符「？」であり，話しことばであれば上昇調のイントネーションなのである。翻って，山田，時枝，渡辺らが例示した文をみれば，真の陳述は句点「。」で表現されていることは明瞭であろう。話しことばであれば，下降調のイントネーションなのである。

例文	札幌行きの飛行機は	飛ぶ	だろう	ね	？
構造	主語	述語	ムード1	ムード2	文終止
表現内容	事柄		判断態度		
伝達機能	表現内容			対話態度	問（答）
表現レベル	叙述				陳述
使用音	分節音				非分節音

注1）「ムード1」とは，「だろう」「かもしれない」「にちがいない」など，事柄に対する表現主体の判断態度を表す表現。
　2）「ムード2」とは，「ね」「よ」など，「事柄＋ムード1」で構成された表現内容全体を聞き手にもちかけるもので，伝達機能に関与するもの。
　3）縦線は，表現位相の段階差を象徴的に表す。叙述と陳述，分節音と非分節音との間の位相差がもっとも甚だしいことを意味する。

日本語の文表現において，一番最後に現れ，どのような言語単位も下接することがないのが，「。」「？」などで表されるイントネーション，すなわち，非分節音である。この意味でも，イントネーションは文終止マークとなる。そして，上にみたように，イントネーションは単なる区切り符号ではなく，文表現の意味を最終的に決定するものでもあるのだ。このように，たった一つの非分節音・イントネーションは，多くの分節音で構築される多くの言語表現に対峙（たいじ）するものなのである。

日本語の文構造を図式化して示すと前ページの表のようになる。

2. 山田孝雄・渡辺実の「陳述」の曖昧性

山田孝雄は前掲書において，単語「犬」「川」とこれらに陳述の加わった「犬！」「川！」とを区別し，後者を一語文と呼んだ。彼は，このようにして「陳述」を発見し，日本語独自の文の定義を可能にする道を切り開いたのである。この段階では，山田は，イントネーションに陳述を表す力があるものとしていることは明らかである。

しかるに一方，山田は，「形容詞・動詞・存在詞・複語尾（一部）・助詞（一部）」は陳述を具有すると認めた。したがって，「犬がいる。」「川が深い。」などの文では「いる」「深い」が陳述を表し，文を完結させていると解釈することになる。山田の言う「述体句」（いわゆる主語述語を具備した文）においては，このようにして，イントネーションは無視されることになる。

一語文においては，イントネーションに陳述の力を認め，述体句では認めないという取扱いの不整合，「陳述」についての曖昧性が「陳述論争」の引き金になったとしてよい。

はるか後年になった渡辺実の『国語構文論』においても，全く同じことが繰り返されている。

渡辺は，一語文を次のように分析する。

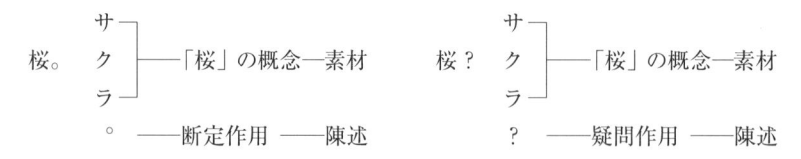

```
桜。  ┌サ              桜？  ┌サ
      │ク ──「桜」の概念──素材        │ク ──「桜」の概念──素材
      └ラ              └ラ
  。 ──断定作用──陳述        ？ ──疑問作用──陳述
```

2. 山田孝雄・渡辺実の「陳述」の曖昧性

　用語こそ異なるものの，一語文における陳述の扱い方は山田と等しい。そして，渡辺は「桜の花が咲く」という例文については次のように精密な分析を施しているが，その方法は，一語文の分析に用いた方法とは明白に異なっている。このことは，この例文の末尾に句点「。」も疑問符「？」も付けられていないことによって端的に語られている。

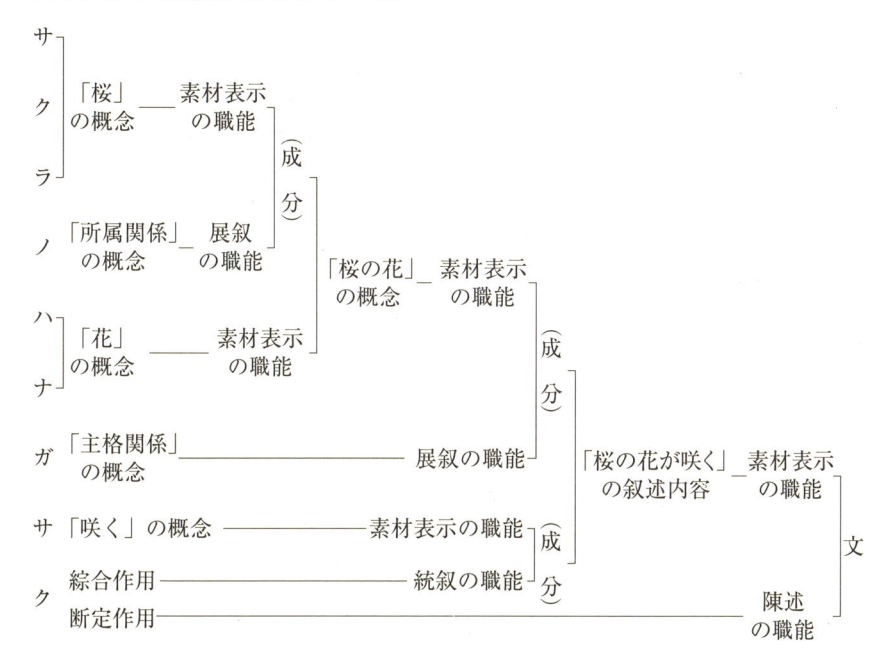

```
サ  ┌「桜」────素材表示┐
ク  │ の概念    の職能 │（成分）
ラ  │                  │
ノ  │「所属関係」 展叙  │
    │ の概念   の職能  │   ┌「桜の花」──素材表示┐
ハ  │                  │   │ の概念    の職能    │
ナ  │「花」─────素材表示│   │                    │（成分）
    │ の概念    の職能 │   │                    │
ガ  │「主格関係」──────展叙の職能│              │   ┌「桜の花が咲く」 素材表示┐
    │ の概念                    │              │   │ の叙述内容    の職能    │
サ  │「咲く」の概念────素材表示の職能│         │                              │文
ク  │ 綜合作用────────統叙の職能│（成分）                                    │
    │ 断定作用─────────────────────────────────陳述の職能                    │
```

　「職能」を中心とした文の精密な分析になっているが，「サク（咲く）」に「断定作用─陳述の職能」を認め，イントネーションの存在をはじめから無視するものとなっている。不整合と言わねばならない。

　山田，渡辺が一語文と「述体句」とで，イントネーションの扱いを変えてしまったのは，名詞はイントネーションを分離しやすいものであり，用言はこれを分離しにくいものであるという理由によると考えるほかはない。渡辺が「サク（咲く）」に認めた「断定作用─陳述の職能」は，実は「サク（咲く）」の「ク」に被さる形で実現する下降調のイントネーションが表しているのである。このことは，例文を疑問文の形，すなわち，「サクラノハナガサク？（桜の花が咲く？）」と対比させれば，容易に理解できるところである。

文法研究家は，主要例文を無意識のうちに肯定文にして思考を展開する傾向を有する。この傾向が，「陳述」の真の所在場所の認定を狂わせてしまったのであろう。

3. 時枝誠記の零記号

時枝誠記は『国語学原論』及び『日本文法 口語篇』などにおいて，その文法論を展開している。

時枝は単語を詞と辞に二分し，詞と辞が一体化したものを句とし，文は句の複雑に展開したものであるとしている。したがって，時枝文法では辞が陳述を担う単位となる。たとえば，次のようになるとしている。

時枝は文が具備する性質として，① 具体的な思想の表現であること，② 統一性があること，③ 完結性があることの三つを挙げているので，文末に現れ

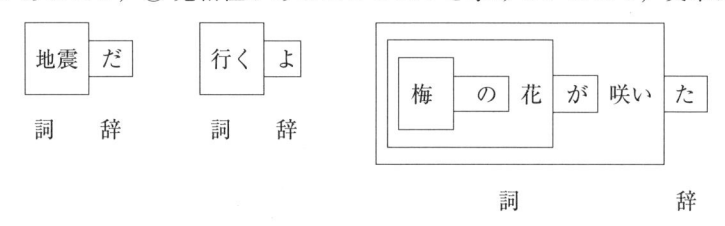

地震	だ	行く	よ	梅	の	花	が	咲い	た
詞	辞	詞	辞					詞	辞

る辞は文の「完結性」に関与するものと判断される。

ところで，実際の文は必ずしも文末に辞が現れるとは限らない。そういう場合については，辞が隠在していると考え，隠在している辞に零記号という名称を与えている。具体的に述べると次のようになる。

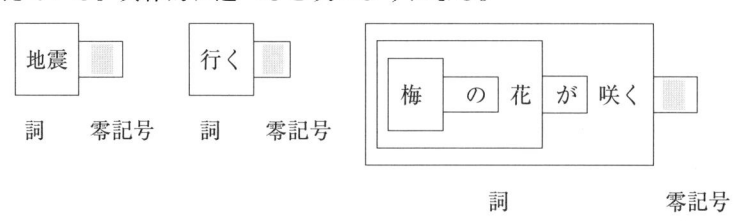

地震	▨	行く	▨	梅	の	花	が	咲く	▨
詞	零記号	詞	零記号					詞	零記号

時枝は零記号と名付けてはいるが，実際に言語的になにも存在しないわけではない。これらが文であるとすれば，「地震」「行く」「梅の花が咲く」の後には下降，または上昇調のイントネーションが存在し，書きことばであれば，句点「。」や疑問符「？」感嘆符「！」などが打たれることになる。零記号とは，

言い換えるとイントネーションや句点・疑問符・感嘆符の総称であったことになる。とすれば，時枝はイントネーション・句点などに陳述の力を認定したと判断してよいのだが，ここでもまた，困難に遭遇することになる。

先に述べた，辞が文末に立つ「地震だ」「行くよ」「梅の花が咲いた」も文であるから，当然，話しことばであればなんらかのイントネーションがともなっているのであるし，書きことばであれば句点あるいは疑問符などが付けられるはずである。しかるに，時枝は辞が文末に立つ文においては，イントネーション・句点などを無視してしまっている。

例文として，一つでも疑問文を用いていればこのようなことにはならなかったであろうと惜しまれる。

「地震だ？」「行くよ？」「梅の花が咲いた？」このような表現は日常言語では珍しいものではない。時枝文法の入れ子型構造図でこれらの疑問文を図式化すると次のようになるはずである。

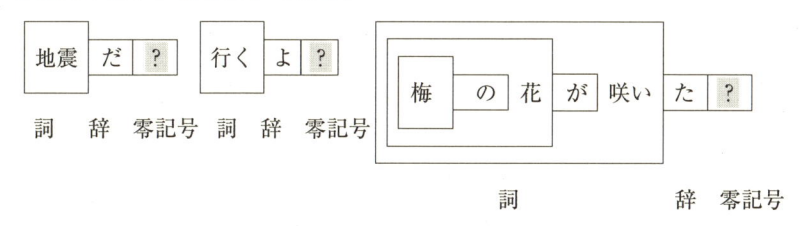

地震	だ	?		行く	よ	?		梅	の	花	が	咲い	た	?
詞	辞	零記号		詞	辞	零記号						詞	辞	零記号

時枝の文法に関する記述は何頁にも及ぶが，どこにもこのような図式を探し当てることはできない。それは当然のことなのだ。このような図式を認めたら，時枝文法は破綻してしまうのである。「？」の形をした疑問符は，構文論に関する学説が成立するか否かを判定するのに有効なリトマス試験紙であるようだ。

4. 北原保雄説

北原保雄は『日本語の世界6—日本語の文法—』において文について，次のような見解を述べている。

1) 文は，書かれたものでいえば，句点「。」で切れるところまでの一句切れをいう。

2) それでは，句点が打たれるということはどういうことであるか。<u>句点はことばが切れたことを表わすものである</u>。文字や補助符号（句点など）を用いて書くということは，ことばを文字や符号に写し代えるということである。ことばそのものが記号であるが，文字は，そのまた記号であるということで，記号の記号などと呼ばれることがある。文字や符号は決してことばそのものではないのである。<u>つまり，句点があるから切れるのではない。切れるところであるから句点が打たれるのである</u>。（下線，二重下線は筆者）

1)については問題がない。誰しもこのように考える。もっとも，文は疑問符や感嘆符で終わることもあるから，区切り符号を句点一つで代表させているところに後に北原説がみせる混乱の一因があるのかもしれない。それはひとまず置くとして，問題があるのは 2)である。特に下線を施した部分にうかがえる句点「。」についての北原説には疑問点が多い。

「句点はことばが切れたことを表わすものである」と北原は言う。本当だろうか。北原がこのように判断するのは彼が，「召されけり。」のような肯定文のみを対象として思考し，日本語の文全体を思考していると勘違いしているからではなかろうか。少なくとも，次の三例を対象にして，句点の意味を考えれば，句点が「切れたこと」だけを表すものでないとすぐに了解されるはずである。

　　「召されけり。」
　　「召されけり？」
　　「召されけり！」

句点「。」は音声言語としては下降調のイントネーションに対応するものである。意味的には，分節音で構築された叙述を肯定的に判断していることを表している。伝達機能としては，「答え」であり，この場合は説明になっている。そうして，構文的には陳述を表し文を終止・終結している。

問題の程度がより深刻なものは二重下線部に示されている北原の句点「。」に対する認識である。

本章の筆者は句点を非分節音・イントネーションという言語的事実に対応するものと判断しているのであるが，北原はそのようなものとは考えていない。

4. 北原保雄説

「句点があるから切れるのではない。切れるところであるから句点が打たれるのである。」という認識は，句点に符号としての積極的意味を見出していないことを表している。本当だろうか。

「召されけり。」の意味は「召されけり」と完全に等しいということになれば，北原の説は正しい。「。」は文の意味を豊かにしていないからである。「けり」という助動詞の終止形で，意味的にも，構文的にも十分表されていると考えれば，北原の言う通りである。しかし，事実はそういう考えを許そうとしない。句点「。」は前述のように豊かな意味を付与し，重要な機能を分担しているのである。したがって，表現者の真意は「。」のところまで述べることによって十全に表現される。句点は「切れるところであるから」打つのではない。文として切るために打つのである。たとえば，表現者が感極まって，万感胸に迫った場合は，「召され……。」となる可能性がある。「召され」も「……」も「終止形」ではない。こういう場合にも句点は打たれる。文となるには，終止・終結のマークがないと困るからなのである。意味的には，「召され」は「切れるところ」ではないことは明らかであろう。

分節音で構築される言語世界，文の意味は末尾に句点「。」が打たれるか，疑問符「？」が打たれるかで全く異なるものになってしまうことは明白である。このことだけを考えても句点が「切れたこと」だけを受動的に表すものではないことは容易に理解される。

北原は，「不完備文・一語文」についての論を展開する冒頭において次のように述べる。

3) 文は言い切り終止することによってはじめて文となる。それは，表現主体の精神の断止作用によって行なわれるものであり，その結果，文は完結性を与えられるのである。文が文であるためには，完結性こそが第一の条件である。

4) 「何が咲くの？」
　「梅の花が。」
　「梅の花がどうするの？」
　「咲くのよ。」

右の会話の答えの方は，いずれも調っていない不完全な統一体であるが，完結しているから文である。したがって，文は主語と述語の両方を必ず含むものであるなどという定義は全く無意味なものである。山田は，こういう文を不完備句（文）と呼んでいる。
　　もっと極端なもの，たとえば，
　　車！
　　火事！
などのように一語からなる文もある。いわゆる一語文である。これは，展開しようとしていた表現を，その一部でとどめたというような不完備文ではなく，最初から判断の形式あるいは叙述の形をとらなかった直観的な表現なのである。このような一語からなるものであっても主体的表現が加えられ完結すれば文となるのである。文が文となるための第一の要件は，まさに完結性であるということができる。

　ここでは，北原は，文を文たらしめているのは，分節音で構築される言語的内容によって文か否かを判定していない。文を文たらしめるものは，「表現主体の精神の断止作用」が文に完結性を与え，文として成立させると主張する。そして，「梅の花が。」「咲くのよ。」は完結性があるから文であると認定する。
　では，「梅の花が。」「咲くのよ。」の何が，どの要素がこの表現に完結性を与えているのだろうか。議論の余地はあるまい。句点「。」が完結性を与え，文として成立させているのである。「咲くのよ」はともかく，「梅の花が」は，北原自身，不完備句（文）と認定しているように，本来なら文として「切れる」ところではない。それにもかかわらず，そこに句点「。」が打たれている。
　このような認識は引用文 2)と完全に矛盾する。陳述単語観論者が矛盾を露呈する場合，一語文（不完備句の特殊形といってもよい）に言及する時といえる。

5. 仁田義雄のモダリティ説
　仁田義雄は『日本語のモダリティ』，『日本語のモダリティと人称』において，モダリティ論を展開している。本章では，後者により仁田の説を検討する。

5. 仁田義雄のモダリティ説

仁田は日本語の文のモデルを次のようなものであるとして提示する。

1) 文には，描き取られている事態を表す部分（本書では，これを仮に言表事態と名付ける）と，言表事態の意味に増減を与えない，言表事態に対する把握の仕方や発話・伝達的な態度やあり方を表している部分（本書では，これを言表態度と仮称しておく）とが，存在する。

| 言表事態 | 言表態度 |

仁田のいうモダリティとは「言表態度」のことである。仁田はこのモダリティを言表事態目当てのモダリティと聞き手目当てのモダリティに二分する。後者が文の最終位置に現れるので本章の主題である陳述と極めて近い概念であると想像される。

さらに，彼は，発話・伝達のモダリティを下位分類して次のように示す。

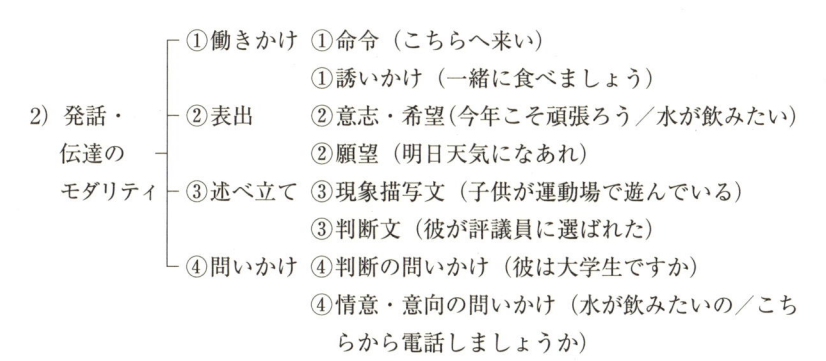

2) 発話・伝達のモダリティ
- ①働きかけ
  - ①命令（こちらへ来い）
  - ①誘いかけ（一緒に食べましょう）
- ②表出
  - ②意志・希望（今年こそ頑張ろう／水が飲みたい）
  - ②願望（明日天気になあれ）
- ③述べ立て
  - ③現象描写文（子供が運動場で遊んでいる）
  - ③判断文（彼が評議員に選ばれた）
- ④問いかけ
  - ④判断の問いかけ（彼は大学生ですか）
  - ④情意・意向の問いかけ（水が飲みたいの／こちらから電話しましょうか）

仁田の例示の仕方で印象的なことは，句点・疑問符・感嘆符などの区切り符号が全く用いられていないことである。では，仁田がこれらを完全に無視しているかといえば，そうではない。情意・意向問いかけの例文「水が飲みたいの」は「水が飲みたいの。」では，②意志・希望の「水が飲みたい」と同意になるので，これは「水が飲みたいの？」の意の例文に間違いない。

イントネーションを表す「。」「？」という符号を仁田はなぜ用いないのであろうか。上に示した分類のタイトルが「<u>発話・伝達のモダリティ</u>」であるだけに，奇異の念にかられる。仁田はモダリティを文の最終的要素と認定している。句点・疑問符・感嘆符などの区切り符号を表記すると仁田の言うモダリティが

最終的要素でないことが、形として目に見えるものになってしまうので、自説の都合上表記しなかったのではないかと勘ぐりたくなる。区切り符号を付けることは現代の表記法の常識だからである。

　仁田は例文を作例で済ませることをよしとしていないようで、前掲の彼の著書末尾に、戸川昌子『処刑された沈黙』に始まり、秋本治『こちら葛飾区亀有公園前派出所』（集英社）、毎日新聞で終わる「出典一覧」が明示されている。例文をこれらの出典に従って表記したならば、必ず区切り符号が付けられた形で表記したに違いない。せっかく作例を避けたのに惜しいことである。表記面で作為を加えてはなんにもならない。

　話をもとに戻す。④情意・意向の問いかけの意は、例文「水が飲みたいの」のどこにも、目に見える形では明示されていない。この例文では仁田は目に見えるものとなっていない上昇調のイントネーションを下位分類の判定要素と認定している。では、ほかの例文ではどうか。分類の仕方から判断するとすべて下降調のイントネーションを前提としているようである。これはなぜなのか。扱いが不公平ではないか。ほかは分節音だけで判定し、④情意・意向の問いかけだけは非分節音・イントネーションを判定の基準としているのは不整合ではないか。

　仁田は「『カ』の疑問表現・『ノ』の疑問表現・上昇のイントネーションによる疑問表現」の章を設け、イントネーションについても言及しているが、結局、上昇調のイントネーションだけを対象とするにとどまっている。陳述はすべてイントネーションによって表されるという認識に立てば、下降調のイントネーションにも考察は及ぶはずである。そして、考察がそこに及べば、日本語の文のモデルは異なるものになったに違いない。

　仁田の示す文のモデルが前述のようなものであるということは、仁田説もまた、陳述単語観の一種であることを雄弁に語っていることになる。

6. 大石初太郎の先見

　以上の陳述単語観批判により、日本語の文においては、非分節音であるイントネーションが極めて重要な機能を担うものであるかが理解いただけたことと思う。そして、書きことばにおいては、区切り符号が大切な表記要素であるこ

6. 大石初太郎の先見

とも理解されたことと思う。

　紙幅の関係で述べることは別の機会に譲ることになるが，筆者が次にやるべきことを予告して，ひとまず本章を閉じることにする。

1) イントネーションの役割は何か。
2) イントネーションの種類はどのようなものか。
3) イントネーションを表す区切り符号は重要なものであるにもかかわらず，古文でこれが用いられなかったのはなぜか。
4) 古文ではイントネーションで表される陳述をどのようにして表したのか。

　最後に，イントネーションに関する先駆的業績を紹介し，刺激的な事実を指摘しておくことにする。

　大石初太郎（おおいしはつたろう）は『話しことば論』の第1章として「疑問文のイントネーション」を掲げ，イントネーションについての「小調査」を報告し，考察を加えている。

　この調査結果によれば，筆者は論を単純化しすぎていたと反省せざるをえない。大石の調査項目は，大雑把に言えばすべて疑問表現である。この疑問表現のうち，約4分の1が下降調イントネーションで表現されていることになる。

　イントネーションが表すものは文構造にかかわるという意味で深刻であり，意味の多様性に富むという意味で複雑である。陳述イントネーション観が克服すべき山はだいぶ険しいものになりそうである。

表現形式	上昇 ↗	下降 ↘
判断への疑念の表現	11 (39.3)	17 (60.7)
疑問兆候の表現	50 (96.2)	2 (3.8)
確認要求の表現	243 (76.9)	73 (23.1)
判定要求の表現	313 (74.9)	105 (25.1)
選択要求の表現	9 (64.3)	5 (35.7)
説明要求の表現	76 (73.1)	28 (26.9)
省略質問文	26 (78.4)	7 (21.2)
計	728 (75.4)	237 (24.6)

■ **発展問題**

(1) 喫茶店でコーヒーを楽しんでいた恋人同士の会話である。後の設問に答えなさい。
　　女「雨！」　男「雨？」　女「雨。」　男「雨……。」
　　問1　「！／？／。／……。」に気を付けて，会話を再現してみよう。
　　問2　これらは，一語文で，一種の省略文であるが，それぞれの文で言いたかったことを想像して，省略された部分を補う形で多語文にしてみよう。
　　問3　「雨」（語）と「雨！」「雨？」「雨。」「雨……。」（文）の相違がどのような点にあるか話し合ってみよう。

(2) 「文」の定義にはどのようなものがあるか調査してみよう。

■ **参考文献**

1) 山田孝雄『日本文法論』（宝文館出版，1908）
2) 大久保忠利『日本文法陳述論』（明治書院，1968）
3) 尾上圭介「文をどう見たか―述語論の学史的展開―」『日本語学』15巻9号（明治書院，1996）
4) 渡辺　実『国語構文論』（塙書房，1971）
5) 時枝誠記『国語学原論』（岩波書店，1941）
6) 時枝誠記『日本文法　口語篇』（岩波書店，1950）
7) 北原保雄『日本語の世界6―日本語の文法―』（中央公論社，1981）
8) 仁田義雄・益岡隆志共編『日本語のモダリティ』（ひつじ書房，1991）
9) 仁田義雄『日本語のモダリティと人称』（ひつじ書房，1991）
10) 大石初太郎『話しことば論』（秀英出版，1971）

第6章　日本語で一番短い文は何か？

【文型論Ⅰ，一語文】

キーワード：基本文型，一点文，叙述，陳述，真性一語文，擬似一語文，感動詞一語文，名詞一語文，動詞一語文，形容詞・形容動詞一語文，副詞一語文，連体詞一語文，接続詞一語文，一辞文，助動詞一辞文，助詞一辞文，接尾辞一辞文

1. 「世界で一番長い字」，日本で一番長い名前，そして日本語で一番短い文

『吾輩は猫である』（漱石）の「猫」の飼主，珍野苦沙味先生は，「近所合壁有名な変人」である。その変人ぶりは随所に描かれていて，読者を楽しませてくれる。今，その一つを紹介する。晩酌をやりながらの「細君」との春風駘蕩たる会話。

「今夜は中々あがるのね。もう大分赤くなつて入らつしやいますよ」
「飲むとも。───御前世界で一番長い字を知つてるか」
「えゝ前の関白太政大臣でせう」
「それは名前だ。長い字を知つてるか」
「字つて横文字ですか」
「うん」
「知らないわ，───御酒もういゝでせう，是で御飯になさいな，ねえ」
「いや，まだ飲む。一番長い字を教えてやらうか」
「えゝ。さうしたら御飯ですよ」
「Archaiomelesidonophrunicherata と云ふ字だ」
「出鱈目でせう」
「出鱈目なものか，希臘語だ」
「何といふ字なの，日本語にすれば」
「意味はしらん。只綴り丈を知つてるんだ。長く書くと六寸三分位にかけ

る」
他人なら酒の上で云ふべき事を、正気で云つて居る所が頗る奇観である。尤も今夜に限つて酒を無暗にのむ。平生なら猪口に二杯ときめて居るのを、もう四杯飲んだ。　　　　　　　　（『吾輩は猫である』七）

「Archaiomelesidonophrunicherata」の意味を，苦沙味先生は「意味はしらん。」とにべもないが，後世の漱石研究家，石崎等は，親切に教えてくれる。

　アリストファネス（B. C. 450 ? ～388 ?）の喜劇『蜂』にある言葉。「（フェニキアの町）シドンの（人）プリューニコスの昔の歌（のごとく）愛らしい」の意のギリシア語。

これで，「出鱈目」でないことが確認された。苦沙味先生は博識なのである。ところで，「日本で一番長い名前」は落語「寿限無」に登場する次の名であろう。

寿限無寿限無，五劫のすりきれ（ず），海砂利水魚の水行末，雲行末，風行末，食う寝る所に住む所，やぶら小路ぶら小路（藪柑子），パイポパイポ，パイポのシューリンガン，シューリンガンのグーリンダイ，グーリンダイのポンポコピーのポンポコナの長久命の長助

人間は，どうも「一番長い」ものや「一番大きい」ものに興味をもつようだが，本章では発想を逆にして，「日本語で一番短い文」とは何かについて考えてみる。

「ああ，胃が痛い。」
「えっ？　どこが痛いの？」
「胃。」
「胃？」
「胃。」

この対話に現われる「胃。」「胃？」が，日本語で一番短い文である。漱石風に表記すれば，「i」なのであるから，これ以上短い文は考えることができない。

この文は,「胃」という単語と句点,疑問符という符号で書き表されている。音声のレベルで言えば,「い」という分節音と下降調イントネーションまたは上昇調イントネーションという非分節音で構成されている。

　「胃」という単語や「い」という分節音は,日本語の文の必須要素の一つ,叙述を構成し,句点・疑問符や下降調イントネーションまたは上昇調イントネーションという非分節音は,文の必須要素の一つ,陳述を構成している。

　日本語の文は,叙述と陳述から成立する。「胃。」「胃？」は,この両方を具備しているので,短くはあるが,立派な文ということになる。

2. 一語文の語用上の特徴＝語用論的単位＝

　このような一語文について,国語学者の林 四郎は「火事だ！」「ありますか？」など一文節文などを含めて,「一点文」という術語を用い,「基幹構文」の一つと数えている。

　日本語は高文脈言語と言われ,文脈に依存する程度が極めて高い。一語文や後で述べる一辞文はその代表である。

　一語文は,構造が単純であるという質の面,すべての品詞（語・辞）について一語文,一辞文が可能という広がりの面,さらに,日本人は一語文,一辞文を多用するという量の面からも,この文型が基本的文型の一つであるということは明白であろう。

　一語文には真性一語文と擬似一語文とがある。前者は感動詞による一語文,後者はそのほかの品詞による一語文で,省略の結果一語文として実現したもので,省略文の一種である。

　一語文の特徴は,対話や文章でしか使用できないというところにある。したがって,文論ではなく,語用文章論,語用作品論的単位ということになる。

　一語文,一辞文で表現できるのは,以下のような事柄である。

① 感動・驚き・不満・呼びかけ・応答など,感動詞を中心とする表現：アッ！　エッ？
② 問いかけに用いる名詞や動詞・形容詞などによる表現：コレ？　行ク？　旨イ？
③ 答えとなる名詞や動詞・形容詞などによる表現：ソレ。　行ク。　旨イ。

④ 命令の意を表す動詞による表現：帰レ！　止マレ！　飛べ！　見ロ！
⑤ 注意喚起をうながす，名詞や形容詞などによる表現：車！　危ナイ！
⑥ 欲求することの中心事項を述べる名詞による表現：飯（めし）！　風呂！　金（かね）！
⑦ 断固たる意志を表す，動詞による表現：ヤル！　止メル！　帰ル！

　これらのうち，①〜⑤の用法は，日本語以外の言語にも存在するが，⑥の一語の名詞による表現で欲求を表せるところや，⑦の一語の動詞だけで，断固たる意志が表せるところなどに日本語の一語文，一辞文の特徴がある。
　一語文，一辞文は，いわゆる省略文であるので，文脈に依存するばかりではなく，相手にも依存する表現でもある。依存できる親しい相手に対してしか使用できないという使用上の制限がある。
　「お茶！」という一語文による表現（⑥の用法）は，家族，身内に対してしか使用できない。どのように親しくても他人に対して使用することは危険である。ただし，メニューの注文や購入物件の指示など，客と店員という人間関係においては，他人に対しても使用できる。

3.　一語文の種類

［真性一語文］
　感動詞一語文＝「あっ！」「えっ！」「もしもし。」「はい。」
　感動詞は生理的反射音に近く，意味的分節化が不十分で，主客未分化の総合的表現である。そのため，一語文の形で使用されることがもっとも自然な品詞である。しゃっくりの「ヒック」や咳の「コンコン」などの生理的反射音ではなく，言語音による日本語の単語であることは，「あら！／まあ！／きゃあ！」などは女性語，「おっ！／うへえ！／げっ！」などは男性語という位相差の存在からわかる。
　「あっ！」「えっ？」はともに驚いた際に発話されるが，前者は驚きそのものを表し，後者は発話内容や事態の意外性に接して信じられない，「本当か」と確認したい意を表す。言い換えると，「あっ！」は自己完結型の表現，「えっ？」は対話要求型の表現である。

［擬似一語文］
　名詞一語文＝「雨！」「犬？」「牛。」「月曜日……。」

これらは，叙述内容の中心となる事柄だけを示すものであるから，発言内容は文脈により異なることになる。「雨！」「雨。」などは「好きなのは何？」「嫌いなのは何？」「何が問題なの？」「梅雨に降るものは何？」などの答えになりうる。いずれであるかは，文脈に委ねられる。省略文であるので，省略内容を理解しうる家族や親しい友人などの気心が十分に知り合えた仲において使用する必要がある。特に，日本語運用能力の低い外国人に使用する際は気配りを必要とする。

　「お茶！」「飯！」などの欲求表現は，馴々しく，甘えた態度による表現とみなされる。使用は家庭内にとどめるべきである。

　動詞一語文＝「く？」「く。」「か。」（「め？」「め。」）

　東北方言では例示したような表現が日常的に使用されている。共通語を対応させると，「く？（食うか？）」「く。（食う。）」「か。（食え。）」「め？（旨いか？）」「め。（旨い。）」のようになる。これらは，一音節語による一語文であるので，これ以上短い日本語の文は考えられない。究極の一語文といってよい。なお「め？」「め。」は次に述べる形容詞一語文の例である。

　動詞には，未然形・連用形・終止形・連体形・仮定形・命令形があるが，一語文で使用されるのは，基本的には「読む。」「読め。」のような終止形と命令形である。「読む！」の場合は，終止形の命令法の用法であることを意味する。また，「読む！」には断固たる意志を表す用法もある。この用法はほかの品詞にはみられない。

　未然形は，「読まない。」「読もう。」など一文節文の一部として使用される。「読ま」「読も」は単独では用いられず語としての自立性を欠いているので，日本語教育では，「読む」の打消形，意志形として，「読まない」「読もう」を一語とする。この意味では未然形も一語文を構成する。連用形や仮定形は，

　　「昨日は，一日中音楽を聞き……。」「聞き……？」（「それからどうしたの？」の意）

　　「読めば！」（仮定形による命令法）「読めば？」（「読めばどうなの？」の意）

などのように，相手の発言を促す，オウム返しの表現や省略表現以外には使用されない。

形容詞・形容動詞一語文＝「暑い？」「暑い。」「好き？」「好きだ。」
　形容詞・形容動詞にも活用があるが，一語文で使用されるのは終止形が中心である。
　「暑い？」は「あなたは暑いか？」の意。「暑い。」は「私は暑いと感じる。」の意。題目部を省略した表現である。「危ない！」は注意喚起の表現であり，結果的には禁止表現（危ないから来るな）や命令表現（右に避けろ）などになる。
　「よかれと思ってやったことなのですが……。」などのように，形容詞にも命令形があるのであるが，イデオマチックで用法の広がりがなく，一語文では使用されない。
　「危ない！」という警告の表現は話し手の状況判断のみを表現したもので，聞き手はなぜ危ないかを判断した後，危険から逃れる行動にうつる。警告としては極めて効率の悪い表現である。これに対して，「跳べ！」「伏せろ！」などは行動要求で伝達効率がよい。日本語には自己完結型の表現と行動・言語反応要求型の表現がある。「危ない！」という形容詞による警告は自己完結型の表現，「跳べ！」は行動・言語反応要求型の表現なのである。
　副詞一語文＝「さっぱり。」「ちょっと。」「あるいは。」「たぶん。」
　副詞には大別して，修飾副詞と予告副詞がある。これらはすべて一語文で使用される。日本語の副詞は同一語形でありながら，修飾副詞と予告副詞の用法を有するものが多い。一語文で使用される場合，予告副詞の解釈を受けやすいので注意する必要がある。たとえば，「さっぱり」には修飾副詞（情態副詞）と予告副詞（呼応副詞）の用法がある。

　　「天気だったので，洗濯物がよく乾いた？」「さっぱりと。」（情態副詞）
　　「この説明でわかりました？」「さっぱり。」（呼応副詞。「さっぱりわからない。」）

などのように，修飾副詞（情態副詞）の場合は「さっぱりと」の語形をとる。オウム返し的に，「さっぱり。」と表現をすると，「さっぱり，乾かない。」の意になってしまう。「さっぱり／さっぱりと」は同義とされるが，一語文として使用すると相違が明確になる。「さっぱりと」は情態副詞専用形である。
　「ちょっと」にも修飾副詞（程度副詞）と予告副詞（呼応副詞）の用法があ

る。
　「牛乳飲む？」「ちょっと（だけ）。」（程度副詞。少量の意。）
　「牛乳飲む？」「ちょっと。」（呼応副詞。「牛乳は苦手でちょっと飲みません。」）
程度副詞の意で用いる場合は「だけ」という副助詞を加えた方が誤解されない。
　連体詞一語文＝「このォ！」「あの。」「あらゆる？」「あたたかな？」
　連体詞は体言の存在を前提とする品詞であるから，原則的には一語文を構成しない。しかし，文脈で省略されている体言が容易にわかる場合には，実現する。
　「このォ！（馬鹿野郎！）」
　「どの入り口から入りましたか？」「あの（入り口から入りました。）」
　「あらゆる問題が解決しました。」「あらゆる？（問題が解決したのですか？）」
また，相手の言葉尻をとらえた物言いや確認の際にも使用される。
　「あたたかなご声援ありがとうございました。」「あたたかな？」
　接続詞一語文＝「しかし……。」
　接続詞は前項と後項とを接続することを本務とする品詞であるが，言いさしの形や相手の発言をうながす場合などでは一語文となることがある。
　「この程度の雨なら決行しようか。」「しかし……。」
　「雨天決行でやってしまったよ。」「それで？」

4. 一辞文の種類

　助詞・助動詞・接尾語などの辞は単独で文節を構成することがないので，一辞文は理論的には存在しないはずであるが，省略された自立語が容易に推測される場面においては，一辞文が成立する。
　助動詞一辞文＝「だろう。」「でしょう。」
　橋本文法（学校文法）では付属語とされ，本来は単独で用いられることはない。しかし，推量の助動詞に限っては日常の会話において使用されることがまれではない。

「本当にあの店の定食，安くて旨いね。」「だろう。信じて得したね。」
「そこの道路工事には，ほんとに困るね。」「でしょう。客が来ないんです。」
「30分経っても先生来ないね。休講だろうか？」「らしい！」
　助詞一辞文＝「ばかり？」「だけ？」「ね？」
　ことば本来の意味では一辞文として使用されることがない。意味を加える機能を有する副助詞は，オウム返しの質問や言葉尻をとらえる質問の際には，一辞文の形で使用されることがある。
「私ばかり，用事を言い付ける。」「ばかり？」
「君にだけ教えてあげるよ。」「だけ？」
　また，確認要求，念押しの終助詞「ね」も一辞文として使用される。
「あの店，本当に安くっておいしかった。」「ね？（言った通りでしょう。）」
　接尾辞一辞文＝「らしい！」
　日本語は省略表現を好む言語であるが，その度合いの極まったものは，語の構成要素である単位，すなわち接尾辞を用いた一辞文の存在である。
「鈴木君が会長役を買って出たそうだ。」「らしい！」
　この「らしい」は前掲の推量の助動詞の「らしい」とは異なり，「男らしい／女らしい」などの「らしい」と同じもので，接尾辞である。接尾辞こそ自立しない単位の代表であるが，文脈上「いかにも，鈴木らしい。」の意とわかると判断される場合は，一辞文が成立してしまう。接頭辞による一辞文は，
「お試験会場はどちらでございましょうか？」「お？（試験）」
など，至極特殊な文脈で，オウム返し的発話確認の表現としては実現するが，一般的ではない。

■ 発展問題

(1) 字幕スーパーの映画やビデオを資料として，英語・フランス語・中国語・朝鮮語などで，一語文が使用される場合，どういう特徴があるか，日本語の場合とどう違うかなどについて調べてみよう。

(2) 次の各資料における一語文，一辞文のあり方を調べ，比較してみよう。

  a 小説の会話文
  b 戯曲の科白(せりふ)(歌舞伎・現代演劇)
  c 映画の台本(「フーテンの寅」シリーズ,「北の国から」シリーズなど)
  d テレビドラマの科白

(3)『リア王』,『ハムレット』,『マクベス』,『ベニスの商人』,『ロミオとジュリエット』など,シェークスピアの作品の中の一語文について調べてみよう。

(4)自分自身の一日の言語生活の記録をとり,一語文,一辞文の使用の実態を,場面(場所,相手,話題),使用回数などの点で分析してみよう。

■ 参考文献

1) 山田孝雄『日本文法論』(宝文館出版,1908)
2) 山田孝雄『日本文法学概論』(宝文館出版,1936)
3) 時枝誠記『日本文法 口語篇』(岩波書店,1950)
4) 阪倉篤義『改稿 日本文法の話』(教育出版,1974)
5) 渡辺 実『国語構文論』(塙書房,1971)
6) 林 四郎『文章論の基礎問題』(三省堂,1998)
7) 石崎 等編『吾輩は猫である(上)』(集英社,集英文庫,1995)
8) 小池清治『日本語はどんな言語か』(筑摩書房,ちくま新書,1994)

第7章 「私はキツネ。」に，留学生はなぜ驚いたのか？

【文型論Ⅱ，ウナギ文】

キーワード：高文脈言語，名詞文，構造的曖昧性（ambiguity），代動詞説・モンタージュ説・分裂文説・省略文説，同定関係・包摂関係・逆包摂関係・近接関係，喚喩，文法（syntax）と語用（pragmatics），語用論的単位

1. 留学生を驚かせた「ウナギ文」

　チューター役の日本人学生と食堂に入った中国からの女子留学生は，思わず耳を疑った。なんと，日本人のチューターはこう言ったのだ。
　「私は，キツネ。あなたは，何にしますか？」
　日本には古くから，狐は人に化けて悪さをするという俗信があったと，「異文化間コミュニケーション」の講義で，その留学生は学んでいたが，それは本当だったのかと，思わず，チューターの顔を見つめてしまったという。
　彼女は，「私は，キツネ。」を「我是狐」「I am a fox.」と理解してしまったのである。漱石の『吾輩は猫である』は，趙 慧瑾の中国語訳では『我是猫』（星光出版社，中華民国1975年2月）となっている。こういう本で日本語を学習した中国人留学生が，「私は，キツネ。」という日本語を聞いた時，上記のように理解したのは極めて当然のことと言えよう。
　日本人は，言語を表現する時に，文脈を前提として表現する。日本語は文脈を前提とする比率の高い，高文脈言語なのである。理解者は，表現者の前提とした文脈をすばやくキャッチし，理解しなければならない。日本語を理解する場合，原則的に文脈を前提とすることは，不文律なのである。しかし，不文律であるがゆえに，そのような種類の表現をしていることに気が付かない。そのため，日本語力が不十分な学生はしばしば，誤解したり，理解不能に悩んだりすることになる。
　日本語能力は，文字力，語彙力，文法力だけでは不十分で，もっとも必要と

なる重要な能力は、前提とされている文脈がどのようなものであるかをすばやくキャッチする能力、すなわち、文脈察知力なのである。

　日本では、文脈を抜きにして、単独の言語表現だけを理解しようとすると困ってしまうような表現が毎日のように、耳にされる。たとえば、次のような表現である。

　a　お父さんは、トイレです。
　b　姉は男で、妹は女でした。
　c　私は、大腸菌です。

aは「お父さんは、どちら？」と尋ねられたという文脈、bは結婚した姉妹が生んだ赤ちゃんの性別を尋ねられたという文脈、cは理系の学生が研究対象を尋ねられた文脈を前提とした表現であるとわかれば、理解になんの苦労もいらない。平易な表現なのである。しかし、唐突にa、b、cの表現に接するとギョッとしてしまうという類の表現である。

　このような文脈依存度の高い文、非自立的文、一見、非論理的な文を「ウナギ文」という。「ウナギ文」は留学生を驚かせる文型の一つなのである。

　このような文を、なぜ、「ウナギ文」というかについては、次節において述べることにする。

2.「ウナギ文」という名称の由来と代動詞説

　名詞文、「AはBだ。」の文型のうち、AとBの意味範疇が原則として異なり、文脈の助けがないと、非論理的な意味となる文、構造的曖昧性（ambiguity）を有する文を、「ウナギ文」という。文型は「AはBだ。」の文型をとり、A、Bは、ともに名詞で、近接関係にあるもの。原則としてAとBは意味範疇を異にするが、近接関係であれば、意味範疇は同一でもよい。

　多義であることにより曖昧となる文型が「ウナギ文」である。「ウナギ文」は、奥津敬一郎『「ボクハ　ウナギダ」の文法―ダとノ―』により有名になった文型で、この著書以後、「ウナギ文」と呼称されるようになった。

　「ボクハ　ウナギダ。」という文において、奥津が想定している典型的な場面とは、鰻屋で食事を注文するという場面である。奥津は、この文について、次のような対比を用い、「ダ」は「ヲ…スル」を代行していると考え、代動詞

説というものを唱えている。

ボクハ　ウナギ	ダ
ボクハ　ウナギ	ヲ食ベル
ボクハ　ウナギ	ヲ釣ル

　すっきりとした解釈で魅力的ではあるが，代動詞説には根本的欠陥がある。
　第一の欠点は，「ボクハ　ウナギダ」は述部の中核が名詞で構成される名詞文であるのに対して，奥津が深層構造として想定する文は述部の中核が動詞で構成される動詞文であることだ。名詞文の構造と動詞文の構造の差は生成文法でも重視されるはずであるが，奥津はこれを無視している。次に，動詞文においては，「ボクハ」の「ハ」は格助詞を兼務している。この例の場合は，主格助詞「ガ」を兼務している。格関係は，本質的に体言と用言との関係であるから，名詞文では格関係は存在しない。したがって，「ボクハ　ウナギダ」の「ハ」が格助詞を兼務する可能性はない。このように構造的に相違するものを生成関係で説明するのは無理である。
　第二の欠点は，想定される場面を，動詞文が発せられるようなものに限定していることである。ウナギ文が発話される場面は無限である。奥津のように限定する理由はどこにもない。

3. モンタージュ説，分裂文説，省略文説

　尾上圭介は「『ぼくはうなぎだ』の文はなぜ成り立つのか」（『国文学　解釈と教材の研究』12月号）で，「ぼく」というショットと「うなぎ」というショットをモンタージュすることによって作られたと解釈し，ウナギ文モンタージュ説を提唱している。
　係助詞ハは陳述に係ることを本務とする助詞である。したがって，「ボクハ」は無限定に投げ出された表現ではない。「ウナギダ。」という陳述を求め，これと結び付くことにより安定を得る。「ボクハ」と「ウナギダ」は単に時間軸に沿って表現されたものではない。この意味で，モンタージュという比喩の限界を越えている。このような訳でウナギ文モンタージュ説に与することはできない。
　北原保雄は，「うなぎ文の構造」（『日本語の世界　6—日本語の文法—』）に

おいて,
　　ぼくが　うなぎが　食べたい。→ ぼくが食べたいのは　うなぎだ → ぼく
　　ののは　うなぎだ → ぼくのは　うなぎだ → ぼくは　うなぎだ
のように，生成過程を推定し，さらに，「うなぎ文再考」(『日本語文法の焦点』)
で補説を述べ，「ウナギ文」は分裂文の変形により生じたものとの説を述べて
いる。
　生成過程が複雑すぎる感があり，著者の内省とは一致しない。
　また，堀川 昇は「『僕はうなぎだ』型の文について―言葉の省略―」(『実践
国文学』24号) で,
　　僕は　できるのは　数学だ → 僕は　数学だ
のような省略文と考える説を提案している。一番無理のない，説得力のある説
といえよう。

4. 近接文説＝「ウナギ文」は語用論的単位＝

　ところで，ウナギ文の必要条件は，「AはBだ。」のAとBとの関係が近接関
係にあるということであり，A, Bの意味範疇が異なるというのは十分条件で
ある。

a	ぼくは山田太郎だ。	ぼく＝山田太郎	同定関係	同定文	一義的
b	ぼくは日本人だ。	ぼく＜日本人	包摂関係	包摂文	一義的
c	山は富士山だ。	山＞富士山	逆包摂関係	逆包摂文	一義的
d	ぼくは富士山だ。	ぼく→富士山	近接関係	近接文	多義的

　aは，山田太郎という人物が名乗った文。bは，自分の国籍を報告した文。c
は，山の中で，一番山らしいのは富士山だという強調文。レトリカルな表現で
ある。
　dがウナギ文なのだが，ウナギ文とは結局，AとBとがなんらかの意味で関
係するということを意味する近接文のことである。言い換えると，喚喩的表現
なのである。論理的な表現ではなく，レトリカルな表現ということができる。
　従来の説は，もともとレトリカルな表現を論理的に，文法的に説明しようと
したところに無理があった。「ウナギ文」は，語用論の分野のもの，語用論的

単位なのである。

「ぼく」が「富士山」を描く対象にしても，登る対象にしても，好きな山の一つにしてもいい，とにかくなんらかの関係にあればいい，それがdの意味である。

係助詞ハは，比喩的に言えば，基本的に「＝」と「→」の関係を表す。これまでは，aを「＝」で解釈したが，実は，ウナギ文として「→」とすることも可能である。すなわち，

　　山田太郎を選挙で選んだ。／山田太郎が犯人だと思う。／山田太郎が好きだ。

などの意味で，aが発話された場合，aはウナギ文になってしまうのである。

aとdは，外見上全く等しい。したがって，単独の文を分析することに重点を置く文法論（syntax）では区別できない。区別できるのは，語や文と表現者との関係を重視する，語用論（pragmatics）の観点においてこそなのである。

■ 発展問題

(1) a〜eの文について，下の問いに答えなさい。
　a　私は，栃木県の出身です。
　b　私は，栃木県です。
　c　私は，苺が好きです。
　d　私は，苺です。
　e　苺は，栃乙女です。
　問1　文脈がなくてもわかる文（一義的文・自立的文）はどれとどれか。
　問2　ウナギ文であるものはどれとどれか。
　問3　それらのウナギ文がウナギ文と判断される理由はどのようなものだろうか。

(2) 「お父さんは，鉛筆です。」について，下の問いに答えなさい。
　問1　この文が自立的文である場合の絵を描きなさい。
　問2　この文がウナギ文である場合の絵を二枚以上描きなさい。
　問3　ウナギ文である場合の絵は複数描ける。その理由を述べなさい。

(3) 英語や中国語などにもウナギ文があるかどうか調べてみよう。

■ 参考文献

1) 奥津敬一郎『「ボクハ　ウナギダ」の文法―ダとノ―』（くろしお出版，1978）
2) 奥津敬一郎「ウナギ文はどこから来たか」『国語と国文学』5月号（東京大学，1981）
3) 尾上圭介「『ぼくはうなぎだ』の文はなぜ成り立つのか」『国文学 解釈と教材の研究』12月号（學燈社，1982）
4) 北原保雄「うなぎ文の構造」『日本語の世界6―日本語の文法―』（中央公論社，1981）
5) 北原保雄「うなぎ文再考」『日本語文法の焦点』（教育出版，1984）
6) 堀川　昇「『僕はうなぎだ』型の文について―言葉の省略―」『実践国文学』24号（実践女子大学，1983）
7) 小池清治『現代日本語文法入門』（筑摩書房，ちくま学芸文庫，1997）
8) 野田尚史「『うなぎ文』という幻想―省略と「だ」の新しい研究を目指して」『国文学 解釈と教材の研究』2月号（學燈社，2001）

第8章　日本語は語順が自由か？

【文型論Ⅲ，倒置文】

キーワード：主語廃止論，立ち木式構造図・盆栽型・入れ子型構造図，語順，倒置法・倒置文，切れる文の成分・続く文の成分

1.「主語廃止論」は成立するか？

三上 章は，『続・現代語法序説＝主語廃止論＝』などを通して，「主語廃止論」を精力的に展開した。その根拠の一つは，日本語の文は，次に示す立ち木式構造図で示されるような構造であるからだとするものである。

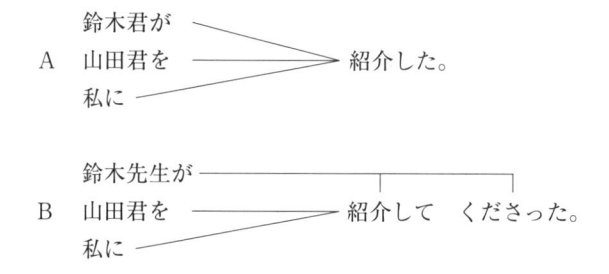

```
        鈴木君が ─────────┐
   A    山田君を ─────────┼──→ 紹介した。
        私に ─────────────┘

        鈴木先生が ───────────────┐
   B    山田君を ─────────┐      │
        私に ─────────────┴→ 紹介して　くださった。
```

Aの文の「鈴木君が」（主格），「山田君を」（対格），「私に」（与格）と，「紹介した」（述語）との関係は対等であり，「鈴木君が」を主語として特別扱いする必要はない。ただし，Bのような敬語表現が関係する文では，「尊敬語」は主語とだけ関係することなど，「主格」だけにしかない特徴を列挙し，ほかの格に対する主格の優位性を認めている。

金谷武洋は，『日本語に主語はいらない＝百年の誤謬を正す＝』において，三上の説を祖述し，三上の立ち木式構造図を「盆栽型」（英語・フランス語の構造は「クリスマスツリー型」）と名付け，次のように述べている。

```
  家              太郎             ピザ
 (で)             (が)             (を)
   └──────────────┼──────────────┘
                作っている
```

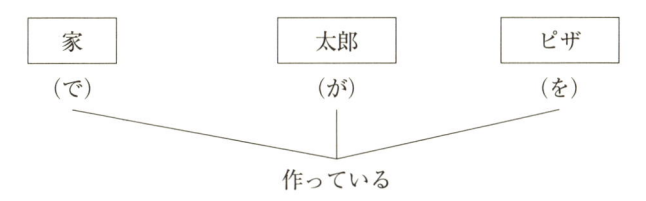

　「太郎が」は「主語」ではなく，「が格（あるいは主格）補語」にすぎない。繰り返すが，「補語」とは「文に不可欠ではない」の意味である。

　Aの例文において，三上は「鈴木君が」（主格），「山田君を」（対格），「私に」（与格）と，「紹介した」（述語）との関係は対等であるとしているが，「対等」とは具体的にどういうことを言っているのだろうか。改めて考えてみると，よくわからないところがある。金谷の説で補ってみると，これらはいずれも「補語」であるという点で変わらない。したがって，「対等」ということなのだろう。

　ところで，三上・金谷説に根本的な問題点がある。日本語は決して，彼らの主張するような平面的構造をとらないからだ。いや，日本語に限らず，言語という，原則的に音声を手段とする表現様式は，フェルディナン＝ド＝ソシュールが指摘しているように，線条的構造体なのである。言い換えると，Aの文が，言語として機能する場合，

　A1　鈴木君が　山田君を　私に　紹介した。
　　　（基本配列順序。ニュートラルな平叙文）
　A2　鈴木君が　私に　山田君を　紹介した。
　　　（A1より「私に」が強調された強調文）
　A3　山田君を　鈴木君が　私に　紹介した。
　　　（「山田君を」が潜在題目化された強調文）
　A4　山田君を　私に　鈴木君が　紹介した。
　　　（「山田君を」「私に」が強調された強調文）
　A5　私に　鈴木君が　山田君を　紹介した。
　　　（「私に」が潜在題目化された強調文）
　A6　私に　山田君を　鈴木君が　紹介した。
　　　（「私に」「山田君を」が強調された強調文）

などの形をとるのである。主格「鈴木君が」と対格「山田君を」とを同時に発

音することは物理的に不可能なことなのだから，これは誰がみても否定しようがないことだろう．

さて，もし，「鈴木君が」「山田君を」「私に」が三上の説の通り「対等」ということであれば，Ａ１～Ａ６の文は同義ということになるはずである．果たして，これらは同義なのだろうか．筆者には，これらが同義とは感じられない．また，これらを同義と感じてなんらの痛痒（つうよう）も感じないとすれば，それは，日本語についての根底的センスの欠如を疑わしめるものである．

Ａ１～Ａ６の文において，伝達したい事柄は等しい．この点においては同義と判断してよい．しかし，文は事柄だけを表すものではない．文は，話し手・書き手の気持ちをも表すものなのである．その気持ちは，これらの文の場合は，語順で表されている．

日本語においては，文頭に位置する文の成分が強調を受ける．したがって，何が強調されているかという話し手の伝えたかった気持ちの点では，Ａ１～Ａ６はすべて，（　）内に示したような，独自の意味を有することになる．

さらに言えば，主格は文頭にもっとも頻繁に現われる．そういう意味で，主格はほかの格とは異なるのである．

なお，「強調を受ける」という表現は多分に曖昧なところがあるので，補足しておく．強調とは，題目の扱いを受け，潜在的題目としてメッセージの中核となるということを意味する．

文法的解釈が，日本語に対するセンスを鈍化せしめるものであるとすれば，そのような文法は有害であり，ない方がよい．

文法を構築する場合，現実の言語の振る舞いを観察することが不可欠であり，現実の言語の振る舞いを尊重することが必要であることは，言うを待たない自明のことなのであるが，私たちは，うっかりするとこのことを忘れ，生成文法の特徴的方法のように，存在証明が理論的に不可能な「深層構造」を想定したり，三上・金谷説のように，論理的に平面化を施したりしてしまう．

現実の言語の，あるがままの姿・あるがままの振る舞いにもとづかない説は，どのような説であれ，現実の言語を上手に説明することはできないし，なんの役にも立たない．

三上や金谷が文を平面的に解釈しているとは，彼らの柔軟な解釈力からする

と考えられないが，立ち木式構造図や盆栽型という表現は誤解を招く危険な表現なのである。

2. 三上・金谷説の先達，時枝誠記説

主語温存派として，三上が仮想敵扱いをしていたと想像される橋本進吉(はしもとしんきち)や時枝誠記(えだもとき)も，実は，主語否定派であった。

学校文法，文節文法の理論的中核を形成した橋本進吉の書いたものとは信じがたいことなのだが，間違いなく彼は，次のように述べている。

> 「鐘が鳴る」の「鐘が」も，「鳴る」では何が鳴るか漠然(ばくぜん)としてゐるのを委(くは)しく定めるもので，やはり，修飾語ではないかといふ論が出るかも知れません。これは誠に道理であります。実をいへば，私も，主語と客語，補語と修飾語との間に，下の語に係(を)る関係に於いて根本的の相違があるとは考へないのであります。　　　　（『改制新文典別記　口語篇』）

橋本は，三上と同様に「主語」（主格）と「客語」（対格）とを区別しないばかりか，今日では区別するのが常識となっている「補語」と「修飾語」とを区別しないという，驚くべき大胆な解釈を披露している。どうやら，橋本文法に，日本語についてのきめ細かな解釈への指針となる情報を期待することは無理なことのようである。

「鳴った！」という驚きの言葉に接して，「何が？」と問うことは極めて自然である。事柄という観点において，「鳴る」主体がどのようなものであるかは必須の要件であるからである。

一方，「鳴った！」という驚きの表現に接して，「どのように？」と問いかける人は百人のうち一人もいないのではないだろうか。たとえば「静かに」などという状態に関する情報は事柄という観点では多くの場合，必須の要件ではないからである。

「詞」（いわゆる自立語）を「辞」（いわゆる付属語）が包み込んで「句」を作り，「句」が重層をなして文となるという，入れ子型構造により，日本語の文を分析するという独自の方法を提唱したのは，時枝誠記である。彼は，主語や客語も述語から抽出されたと考え，主語や客語を文法的には区別しない。

国語に於いては，主語，客語，補語の間に，明確な区別を認めることが出来ないといふ事実は，それらがすべて述語から抽出されたものであり，述語に含まれるといふ構造的関係に於いて全く同等の位置をしめてゐるといふことからも容易に判断することが出来る。

　　私は六時に友人を駅に迎へた。

に於いて，「私」「六時」「友人」「駅」といふやうな成分が，すべて，「迎へる」といふ述語に対して，同じ関係に立つてゐるのである。その点ヨーロツパ諸言語が，主語と述語との間には，不可分の関係が結ばれて，他の文の成分とは全く異なつた関係にあるのとは異なる。

（『日本文法 口語篇』）

「成分」「文の成分」を問題としているにもかかわらず，「私」「六時」「友人」「駅」などのように語を例示しているところなどは気になることであるが，これは，彼が「格」とは語と語との関係と認識していたことの現れで，いたしかたない。しかし，このような扱いでは，「私は」と「私が」との区別が付かなくなるのは必然である。本書の扱いでは，「私は」は題目となり，説明文を構成し，「私が」なら，主格補足語（主語）となり，報告文を構成するという，別構造の文の一部となり，全く異なる文の成分となる。

　時枝誠記は「私」と，「六時」「友人」「駅」とを区別していないが，これは明らかに誤りである。

　「私」は，「六時」「友人」「駅」と同様に「迎へる」と関係し，事柄を構成する機能を有している。しかし，「六時」「友人」「駅」は事柄構成に参加するだけで，この文における役割を終了するが，「私」はさらに，この文の題目となるという重大な機能を果たしている。この文の構造を図式化してみると次のようになる。

題目部	叙　　述					陳述
	解　説　部					
		叙　部			述　部	
	（主格）	時格	対格	場所格	述語	
私は	（私が）	六時に	友人を	駅に	迎へた	。

　注）題目と主格が事柄の点で一致する場合，主格は削除される。

「私」が「六時」「友人」「駅」と「同等」でないことが明確に示されたものと考える。これに対して，時枝の示す入れ子型構造図では，次の二種類の図が想定される。

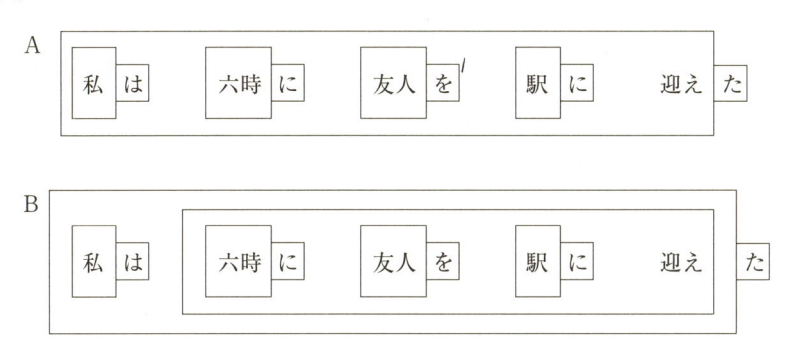

A
| 私 | は | 六時 | に | 友人 | を | 駅 | に | 迎え | た |

B
| 私 | は | 六時 | に | 友人 | を | 駅 | に | 迎え | た |

「私」「六時」「友人」「駅」を「同等」とする時枝誠記の解釈に従えば，A図になる。しかし，山田孝雄，松下大三郎らの研究以後，学界の定説となっている，係助詞ハと格助詞ガは構文的働きを異にするという考えに従えば，B図が正しいということになろう。

一つの文に二つ以上の構造図を描きうるとすれば，それは，説明に不備があるからである。入れ子型構造図の説はこの点において，曖昧な説ということになる。

時枝説の根本的欠点は，格関係，文の成分の関係を論ずることにおいて，助詞を無視したというところにある。日本語の文法的特徴は助詞に構文的機能明示の働きがあるという点だ。こういう大切な助詞を理論的に無視するという扱いは，無理な扱いというほかない。

時枝による文の成分と格に関する記述は，理論的にも無理があり，具体的用例の解釈についても問題があるが，「主格」「対格」「与格」を「同等」とする点で，前節で紹介した，三上の言説，これらを「対等」とすると，軌を一にするものであることが明らかであろう。「主語廃止論」の淵源は三上ではなく，時枝誠記であった。

3. 石川啄木，倒置による短歌の創造

主格，対格，与格が述語との関係において，「対等」（三上）または，「同等」

(時枝)とみなすことは，文の成分のレベルにおいて，日本語は語順が自由という「迷信」を生み出すことにつながる。

しかし，もし，自由であるとすれば，倒置法というレトリックはその存在基盤を失うことになる。日本語に倒置法がなければ，「語順は自由」という言説は意味を有するが，日本語にも，倒置法があるということになれば，「語順は自由」という言説は「迷信」の謗りを免れることができない。

日本語の文の成分は，切れる文の成分と続く文の成分に大別される。倒置法とは，切れる文の成分で文が終わらず，平叙文なら前置されるべき続く文の成分が後置され，これに陳述（イントネーション）が加えられて文が終わる表現で，倒置法によって表現された文を倒置文という。日本語では，独立成分以外のすべての文の成分を後置することができるのである。そのことを石川啄木『一握の砂』所収の短歌を例にして証明する。

1) わが髭の
　　下向く癖がいきどほろし
　　このごろ憎き男に似たれば　　　　　接続成分後置
2) 腕拱みて
　　このごろ思ふ
　　大いなる敵目の前に躍り出でよと　　内容格補足成分後置
3) おどけたる手つき可笑と
　　我のみはいつも笑ひき
　　博学の師を　　　　　　　　　　　　対格補足成分後置
4) やはらかに柳あをめる
　　北上の岸辺目に見ゆ
　　泣けとごとくに　　　　　　　　　　連用成分後置
5) ものなべてうらはかなげに
　　暮れ行きぬ
　　とりあつめたる悲しみの日は　　　　題目部後置
6) 父のごと秋はいかめし
　　母のごと秋はなつかし
　　家持たぬ児に　　　　　　　　　　　位格補足成分後置

7) 時雨降るごとき音して
　　木伝ひぬ
　　人によく似し森の猿ども　　　　　　主格補足成分後置
8) 顔とこゑ
　　それのみ昔に変らざる友にも会ひき
　　国の果にて　　　　　　　　　　　　場所格補足成分後置
9) ゆゑもなく海が見たくて
　　海に来ぬ
　　こころ傷みてたへがたき日に　　　　時格補足成分後置

　啄木の短歌は古典和歌とは異なり，三行で表記されている。いわば，三行詩なのである。上に紹介した短歌はすべて三行目で倒置文であることがわかる仕掛けになっている。そうして，三行目に感動の中心がある。これらの短歌は倒置法というレトリックにより，短歌として成立していると言えるのである。

　短歌には音数律というものがあり，勝手に配列順序を変えることはできないが，あえて，1) の短歌の配列を日本語の散文の基本的配列順序に変えてみると，次のようになる。

　　このごろ憎き男に似たれば
　　わが髭の
　　下向く癖がいきどほろし

　これでは，「はあ，そうですか。」と挨拶するほかない，理性的な表現となってしまう。感動を伝える短歌にはなりえないということが理解されるであろう。

　改行は「間」，ポーズを要求するテクニックである。言い換えると，啄木の短歌は，三つのシーンで構成されたドラマなのである。その結果，倒置法はどんでん返しの技法となり，劇的効果を生み，詩情を醸し出している。2) 以下については，各自で確認してほしい。

　日本語にも倒置法があり，倒置文がある。したがって，「日本語は語順が自由」という言説は成立しない。語順を変えるということは，別の意味を表す文を作るということなのである。

■ 発展問題

(1) 次の各和歌は倒置法を含む百人一首の和歌である。それぞれ，どの部分が倒置になっているか，倒置がどのような効果を生んでいるか考えてみよう。
　① 恋すてふわが名はまだき立ちにけり　人知れずこそ思ひそめしか
　　　　　　　　　　　　　　　　　　　（拾遺・恋一・621・壬生忠見）
　② しのぶれど色にいでにけり　わが恋は　ものや思ふと人のとふまで
　　　　　　　　　　　　　　　　　　　（拾遺・恋一・622・平　兼盛）
　③ 誰をかも知る人にせむ　高砂の松も昔の友ならなくに
　　　　　　　　　　　　　　　　　　　（古今・雑上・909・藤原 興風）
　④ 契りきな　かたみに袖をしぼりつつ　末の松山波越さじとは
　　　　　　　　　　　　　　　　　　　（後拾遺・恋四・770・清原 元輔）
　⑤ ちはやぶる神代もきかず　竜田川からくれなゐに水くくるとは
　　　　　　　　　　　　　　　　　　　（古今・秋下・294・在原 業平）
　⑥ 月みればちぢに物こそ悲しけれ　わが身ひとつの秋にはあらねど
　　　　　　　　　　　　　　　　　　　（古今・秋上・193・大江千里）
　⑦ 花の色は移りにけりな　いたづらに　我が身世にふる　ながめせしまに
　　　　　　　　　　　　　　　　　　　（古今・春下・113・小野小町）
　⑧ みちのくのしのぶもぢずり誰ゆゑに乱れそめにし　我ならなくに
　　　　　　　　　　　　　　　　　　　（古今・恋四・734・源　融）
　⑨ 山里は冬ぞさびしさまさりける　人目も草もかれぬと思へば
　　　　　　　　　　　　　　　　　　　（古今・冬・315・源 宗于）

(2) 山田洋次・朝間義隆脚本『男はつらいよ 柴又慕情』の一節である。倒置されている部分に波線を施し，普通の語順にした場合との相違を考えてみよう。
　親　方「だから言ってるだろう，これが欲しけりゃ借金耳を揃えて持って来いって」
　　博　「親方，あと十日待ってくれ，お願いだ，今度こそ必ず」
　さくら「お願いします，子供のためにも」
　親　方「聞きあきたよ，そのセリフは……。おう」
　　　　　と若いもんをうながして立ち去ろうとする。
　　　（中略）
　つ　ね「金もないくせにいい格好ばかりしたがるんだからね，この人は，誰かにそっくりだよ」

竜　造「アハハ，しかたねえ，血続きなんだからな，寅とは……（ハッと気が
　　　　　　付いて）おい，そういやソロソロ寅の帰ってくる時分だな」
　　　さくら「そうね」

(3) 次の各例を観察し，連体修飾語内部の語順の規則について考えなさい．
　　a　昔君が借りていた　岡の上の　大きな　一軒家
　　b　昔君が借りていた　大きな　岡の上の　一軒家
　　c　岡の上の　昔君が借りていた　大きな　一軒家
　　d　岡の上の　大きな　昔君が借りていた　一軒家
　　e　大きな　昔君が借りていた　岡の上の　一軒家
　　f　大きな　岡の上の　昔君が借りていた　一軒家

(4) 上のaの例に「あの」という連体詞を入れる場合，どこがもっとも適当だろうか．また，なぜそうなのかについて考えなさい．

(5) 「遠くて近い国」と「近くて遠い国」は同じ国か，違う国か．
　　『枕草子』「遠くて近きもの」「近うて遠きもの」とを参考に考えなさい．

■参考文献

1) 三上　章『続・現代語法序説＝主語廃止論＝』（くろしお出版，1972）
2) 金谷武洋『日本語に主語はいらない＝百年の誤謬を正す＝』（講談社，講談社選書メチエ230, 2002）
3) 丸山圭三郎『岩波セミナーブック2 ソシュールを読む』（岩波書店，1983）
4) 橋本進吉『改制新文典別記 口語篇』（冨山房，1938）
5) 時枝誠記『日本文法 口語篇』（岩波書店，1950）
6) 国立国語研究所『現代雑誌九十種の用語用字 第三分冊 分析』『国立国語研究所報告 25』（秀英出版，1964）
7) 佐伯哲夫『現代日本語の語順』（笠間書院，1975）
8) 佐伯哲夫『要説日本文の語順』（くろしお出版，1998）
9) 北原保雄『日本語の世界6―日本語の文法―』（中央公論社，1980）
10) 矢澤真人「格の階層と修飾の階層」『文藝言語研究』21号（筑波大学文芸・言語学系，1992）
11) 野田尚史「語順を決める要素」『月刊言語』29巻9号（大修館書店，2000）
12) 小池清治『現代日本語文法入門』（筑摩書房，ちくま学芸文庫，1997）

第9章　日本語に主語はいらないのか？

【文型論Ⅳ，無主語文】

キーワード：主格・主語・題目，無主語文・擬似無主語文・真性無主語文，動詞文・名詞文，潜在主語，省略・削除，料理文，複数名詞・人名詞，対象語格

1. 主格・主語・題目

A　雪が降る日に，外出した。
B　雪が降る。
C　雪は天からの手紙だ。

Aの「雪が」は，「雪が降る日に」という，時格補足語の一部であり，主語ではありえないが，「降る」という述格成分素の主体として機能している。このようなものを本書では，主格成分素，略して「主格」という。

Bの「雪が」は，主文の述語「降る」の主体として機能している。このようなものを本書では，主格補足語，略して「主語」という。

ただし，この主語は文の必須要素ではない。第6章「日本語で一番短い文は何か？」ですでに述べたように，日本語では「降る。」だけで立派な文になるからである。この点，英語のsubjectやフランス語のsubjetとは異なる。

意味的には，述語を構成する中核用言の意味的性質により，動作主(どうさしゅ)，行為主(こういしゅ)，状態主(じょうたいしゅ)，存在主(そんざいしゅ)などとなる。

Cの文は，A，Bの文が動詞文であったのに対して，名詞文である。名詞文は話題（主辞，subject）とそれについての説明（賓辞，predicate）とからなるが，本書では話題に相当する部分を題目部，略して，「題目」といい，説明に相当する部分を解説部という。

「主語」を上記のように定義するので，本書は，日本語にも主語は必要だという立場をとることになる。

ただし、下に紹介する、言語学者アンドレ・マルチネが提唱する主語の定義に従えば、日本語には主語がない。

> 主語は、他のあらゆる言語学的事実と同じで、その（具体的）振る舞いにおいてのみ、定義づけられるものだ。もし命令文、省略文以外で、ある要素が述語と不可分に現れるなら、それは主語である。この不可分性を持たないものは主語ではない。それは形（例えば語幹）や文中の位置がどうであれ、他の補語と同じく一つの補語にすぎない。
> （金谷武洋『日本語に主語はいらない＝百年の誤謬を正す＝』、58頁）

2. 無主語文の種類

文の表面に主語（「主格補足語」の略語、以下同じ）が表現されていない文を無主語文といい、無主語文を用いた表現を無主語文による表現という。無主語文には、主語が潜在して表面化しない（潜在主語）だけのものと、主語を全く必要とせず本質的に主語が現れえないものとがある。前者を擬似無主語文といい、後者を真性無主語文という。

3. 擬似無主語文

日本語では、主語は文の成立のための必須要素ではない。そのため、しばしば、主語を備えていない文が登場する。

a) 親譲りの無鉄砲で小供(こども)の時から損ばかりしてゐる。
　　　　　　　　　　　　　　　　　　　（夏目漱石『坊つちやん』）
b) 国境の長いトンネルを抜けると雪国であつた。　（川端康成『雪国』）
c) 七月初、坊津(ぼうのつ)にいた。往昔、遣唐使が船出をしたところである。その小さな美しい港を見下す峠で、基地隊の基地通信に当たっていた。私は暗号員であった。　　　　　　　　　　　　　　（梅崎春生『桜島』）

動詞を述部の中核用言とする叙述構文において動作主や状態主が明示されない場合は、動作主や状態主は、語り手または書き手である（ちなみに、疑問文や命令文では、聞き手または読み手である）。すなわち、語り手または書き手が潜在主語となる。

したがって，a)の場合，「損ばかりしてゐ」たのは，語り手の「坊つちやん」ということになる。冒頭文は上に示したような無主語文であるが，動作主・状態主は，実は『坊つちやん』というタイトルの形で読者にすでに提示済みなのである。私たちは，この情報により，動作主，状態主を「坊つちやん」と断定して読み進めているので，主語の不在に少しの不便も感じない。

　勘太郎の頭がすべつて，おれの袷の袖の中に這入つた。

語り手が「おれ」と自称する人物であるとわかるのは，26番目のセンテンスである。しかも，正式に名乗るという形でなく，連体成分素の形でさりげなく示されている。これも，最初に『坊つちやん』と紹介しているからこそできることなのである。

c)も無主語文で始まり，それが連続する。しかし，4番目のセンテンスで語り手が「私」であると名乗り，題目の形で登場する。これは，タイトルが『桜島』という地名であるため，動作主，状態主に関する情報となりえぬので，早めに提示する必要があるからである。

なお，『坊つちやん』『桜島』で「おれ」「私」が文の表面に現れないのは，必要なものが省略されたからではない。不必要なものが削除された結果なのである。

たとえば，『坊つちやん』の冒頭を，
　おれは，親譲りの無鉄砲で小供の時から損ばかりしてゐる。
と変えてみる。原文との差は，玄人のそれと素人のそれになることは明瞭であろう。改変したものは，タイトルの『坊つちやん』の情報と重複して，べたべたしたものに変質し，江戸っ子の爽快な語り口は影も形もなくなってしまう。

「文は主語と述語とよりなる」というグラマーの記述を「まじめ」に実践し，
　おれは，親譲りの無鉄砲で小供の時から損ばかりしてゐる。おれが小学校に居る時分学校の二階から飛び降りて一週間程腰を抜かした事がある。おれがなぜそんな無闇をしたと聞く人があるかも知れぬ。
のように表現したとすると，この小説は読めたものではないということになる。動作主・状態主に関する情報の重複感は堪えがたい。原文は不必要な主語を削除したのであり，必要な主語を省略したものではないということが以上の例により理解できるであろう。

b) は「雪国であつた」という名詞を中核語とする説明語（いわゆる述語）であるから，主文は，本来主語が出現しない真性無主語文であるので，当面の課題ではない。ここで問題としたいのは，従属節中の「抜ける」の動作主についてである。

"Snow Country" のタイトルで英訳したE.G.サイデンステッカーは，冒頭文を，

　　The train came out of the long tunnel into the snow country.

のように「train」を主語として訳しているが，これは誤訳である。繰り返しを恐れずにいうと，日本語では，叙述文において動作主や状態主が明示されない場合，動作主や状態主は語り手または書き手である。したがって，『雪国』の冒頭文に潜在する動作主・状態主，言い換えると主語は「語り手」（4番目のセンテンスで「島村」と判明する）ということになる。

大和田建樹作詞の「鉄道唱歌」の第一節は次のようになっている。

　　今は　山中　今は　浜
　　今は　鉄橋わたるぞと
　　思ふ間もなく
　　トンネルの闇を通つて
　　広野原

「思ふ」の主体が「汽車」ではありえないことは言うまでもないことであろう。『雪国』の冒頭文の構造もこれと同一なのである。いずれも，汽車に乗っている表現主体（語り手）の視点で表現されたものなのである。

擬似無主語文は軽快に自己を語る時や主語を明示しなくても文脈により自明となる場合に使用される。一方，動作主や状態主を強調したい場合や明示しないと曖昧になる場合には，主語として文の表面に明示される。

これらのほか，公共放送などで，よく耳にする擬似無主語文に，次のものがある。

d) これで放送を終わります。

本節の冒頭で述べたように，日本語では，文中に動作主や状態主などが明示されない場合は，話し手・書き手がそれにあたる。d) の表現においても，同様

である。「終わる」行為の主は話し手, アナウンサーなのであるが, これを表面化させて,

　e）私は, これで放送を終わります。

のようにアナウンスするわけにはいかないだろう。e）の表現は, 個人の意志的行為を表明したものになってしまうからである。また,

　f）日本放送協会（NHK）は, これで放送を終わります。

のように, 法人を動作主として明示するのも, 日本語としては不自然だ。結局, 擬似無主語文でゆくのがもっとも自然ということになる。

　d）の文は, 自動詞が他動詞のような振る舞いをするという点で有名な例文であるが, 無主語文としても無視できない微妙な問題を含む例文なのである。

4. 真性無主語文

青山文啓(あおやまふみたか)は無主語文として, 次の各文を例示している。

　a）雨だ！
　b）夜になった。
　c）星の集まりを星座という。
　d）警察で犯人の行方を追っている。
　e）ぼくから塾の先生に月謝を渡すね。
　f）試合開始から三分経った。

a）は名詞一語文である。名詞を中核語とする解説部（いわゆる述語）であるので, 本来, 格関係を構成しない題説構文の構成要素であるから, 主語がないのは当然で, これは真性無主語文である。

　一語文はすべて無主語文なのであるが, 動詞一語文, 形容詞一語文, 形容動詞一語文は主語が潜在化したもので, 擬似一語文となる。ただし, 形容詞一語文のうち, 感情形容詞・感覚形容詞一語文は,

　　うれしい！　痛い！

のように, 感情主, 感覚主は語り手・書き手なのであるが, これらが文の表面に現れることは原則としてはない。

　b）は時刻の進行の結果ある状態が成立したということを意味する文である。「なる」の状態主はトキなのであるが, トキが主語として文の表面に現れるこ

とはない。真性無主語文である。

　これと同様な表現に，「春になった。／冬になった。」のような季節に関するものがある。ただし，「春／冬」の上位語として「季節」があり，「季節は春になった。／季節が冬になった。」のように主語を備えた文も可能となり，擬似無主語文と判断される。

　また，「2に2を足すと4になる。／2から1を引くと1になる。／2に2を掛けると4になる。／2を2で割ると1になる。」のような四則に関する「なる」が述語になる場合も，原則として無主語文で表現される。ただし，この場合にも，

　　2に2を足すと和（答）は4になる。
　　2から1を引くと差（答）は1になる。
　　2に2を掛けると積（答）は4になる。
　　2を2で割ると商（答）は1になる。

のように主語を備えた文も可能となり，擬似無主語文ということになる。

　c)は事物事象などの説明や定義に用いられる文型である。「いう」の主体はヒトビトなのであるが，ヒトビトが主語として表面化することはない。真性無主語文である。

　三上 章の命名になる料理文も真性無主語文で，「塩と胡椒を振りかけます。」のように，動作主が主語として文の表面に現れることはない。論理的には「視聴者の皆さん／あなた」などが動作主候補として考えられるが，どのような語形であろうと，動作主を主語として明示した文は日本語としては非文になってしまう。

　d)は動作主が手段・方法格デで示された文である。この場合の動作主は，「警察・国会・大学」などの組織体や「皆・われわれ」などの主体が複数であることを含意する名詞（複数名詞）でなくてはならない。d)の文のデは格助詞ガに置き換えることができるので，これは擬似無主語文ということになる。

　e)は動作主が起点格カラで示された文である。この場合の動作主は人名詞（ひとめいし）でなくてはならず，また述語動詞はものや情報の移動を含意するものでなくてはならない。e)の文のカラを格助詞ガに置き換えることができるので，これも擬似無主語文ということができる。

f)はトキの経過に関する文で，意味的にはb)に似ている。しかし，構造は異なる。f)は,

　　試合開始から三分が経った。

のように，「三分」というトキを主語として取り立てることができるからである。b)は真性無主語文であったが，f)は擬似無主語文である。

5. 名詞文で題目がガで取り立てられる場合

　名詞文で題目部は普通ハで提示されるが，取り立て強調の場合はガで提示される。

　　「桜は春の花です。」（桜，春の花なり。）

　　「桜が春の花です。」（桜ぞ，春の花なる。）

　学校文法では題目と主語とを区別しない。そのため，「桜は」「桜が」はともに，主語として扱われることになる。その結果，「桜は」が平叙表現，「桜が」が強調表現になることを説明できず，不問に付すということになっている。言わば，表現の要となる言語現象について説明不能という情けない状態にある。

　本書では，格助詞は体言と用言との意味的関係の類型を示す辞とする。「桜が春の花です。」という文にはどこにも用言が使用されていない。したがって，「桜が」のガは格助詞ではありえない。このガは「桜は春の花です。」のハと同様，係助詞なのである。そして，ハは題目部を提示する提題の働きをし，ガは題目部を取り立て強調の働きをするという相違があるのである。この相違を古典語で表すと上に（　）で示したようなものになる。

　念のために言い添えると，題説構文は基本的に格関係を構成する構文ではないので，「桜は春の花です。」が真性無主語文であるのは当然のこととして，「桜が春の花です。」も真性無主語文なのである。

6. いわゆる「対象語格」のガ

　時枝誠記は，「母が恋しい。」「水が飲みたい。」などのガを対象語格を示す格助詞と認定している。確かに，「恋しい」と思う主体（いわゆる主語）や「飲みたい」と欲する主体（いわゆる主語）が何であるか容易に推察されるから，「母が」や「水が」を主語と認定するのは困難である。

ところで，「水が飲みたい。」という表現のガをヲに置き換えることも可能である。言い換えると，「水が飲みたい。」のガはヲの働きを兼務しているということになる。

一方，格助詞としてのガとヲには，「魚が食べる。」「魚を食べる。」のように全く異なる働きをする。格助詞ガが格助詞ヲの働きをしては混乱してしまう。

対象語を示すとされるガは格助詞ではない。これも取り立て強調の係助詞なのである。したがって，「母が恋しい。」「水が飲みたい。」といういわゆる対象語の文は潜在主語を有する擬似無主語文ということになる。

■ 発展問題

(1) 次の各文は，表現性に着目して，日本語センテンスを分類した芳賀 綏(はがやすし)によるものである。これらの文において，いわゆる「主語」の有無を確認し，ない場合は，擬似無主語文か真性無主語文か判定しなさい。
  ・述定文―表現される内容についての，話者の気持ちを表すもの
  ① 雨が降る。＜断定＞による統括
  ② 花は美しい。＜〃＞
  ③ 雨が降るかしら。＜疑い＞
  ④ 君は学生か。＜〃＞
  ⑤ 雨が降るだろうなあ。＜推量＞＋＜感動＞
  ⑥ ぜひ会ってみよう。＜決意＞
  ⑦ 二度と買うまい。＜〃＞
  ⑧ 雨！＜断定＞＋＜感動＞
  ⑨ 雨だ。＜〃＞
  ⑩ あらっ！＜感動＞
  ・伝達文―相手への伝達の気持ちを示すもの
  ⑪ 行け。＜命令＞
  ⑫ 乾杯！＜誘い＞
  ⑬ お嬢さん！＜呼びかけ＞
  ⑭ はい。＜応答＞
  ・述定＋伝達文―表現される内容についての話し手の態度と，相手への伝達の気持ちとの両方を示すもの
  ⑮ 雨が降るよ。＜断定＞＋＜告知＞

⑯ 雨が降るわよ。＜断定＞＋＜感動＞＋＜告知＞
⑰ 雨が降るだろうね。＜推量＞＋＜もちかけ＞
⑱ 雨？＜疑い＞＋＜もちかけ＞

(2) 次の「花が」の相違について考えなさい。
　a　花が咲いている。
　b　花が綺麗だ。
　c　花が好きだ。
　d　花が買いたい。
　e　花が売っていない。
　f　花が売れている。
　g　花が売れますか？
　h　花が満開だ。
　i　花が種子植物の有性生殖にかかわる器官だ。

(3)「主語」の定義にはどのようなものがあるか調べてみよう。

■ 参考文献

1) 金谷武洋『日本語に主語はいらない＝百年の誤謬を正す＝』（講談社，講談社選書メチエ 230，2002）
2) 三上　章『象ハ鼻ガ長イ』（刀江書院，1960，くろしお出版，1960）
3) 三上　章『続・現代語法序説＝主語廃止論＝』（くろしお出版，1972）
4) 亀井　孝・河野六郎・千野栄一『言語学大辞典6 術語編』（三省堂，1996）
5) 青山文啓「日本語の主語をめぐる問題」『日本語学』4月臨時増刊号9巻（明治書院，2000）
6) 時枝誠記『日本文法 口語篇』（岩波書店，1950）
7) 芳賀　綏『日本文法教室』（東京堂出版，1962）
8) 北原保雄『日本語の世界6 ―日本語の文法―』（中央公論社，1980）
9) 尾上圭介「文法を考える1 主語(1)〜(4)」『日本語学』16巻10号〜17巻3号（明治書院，1997〜1998）
10) 小池清治『日本語はどんな言語か』（筑摩書房，ちくま新書，1994）
11) 小池清治『現代日本語文法入門』（筑摩書房，ちくま学芸文庫，1997）
12) 小池清治『シリーズ日本語探究法 ① 現代日本語探究法』（朝倉書店，2001）

第10章　受動文は，何のために，どのようにして作られ，何を表すのか？

【文型論Ⅴ，受動文】

キーワード：ヴォイス（態），能動文，直接受動文・間接受動文・所有者（持ち主）の受身，人受動文，もの受動文，非情の受身，迷惑の受身，受影受動文，降格受動文，自動詞文，結果性・状態性，主語の一致

1. 三種類の受動文

① 生徒が先生に叱られた。
② 我々は雨に降られた。
③ 私は犬に足をかまれた。

この①～③の例文は，いずれも述語動詞の未然形に助動詞「れる・られる」が付き（形態的には，動詞基本形の末尾母音 u をとり areru を付ける），主語がほかからなんらかの作用や影響を受けていることを表す受動文である。しかし，それらには次のような差異がある。

まず例文①は，能動文「先生が生徒を叱った。」のヲ格目的語がガ格主語となり，ガ格主語がニ格補語となるといった，動作主と被動者とのガ格の入れ替えの変形関係によって能動文と対立する受動文であり，動作主からの行為を直接的に受ける被動者に視点を置いた表現である。このような受動文は，直接受動文や中立受身文，まともな受身などと呼ばれる。

次に例文②は，その能動文「雨が我々を降った。」は非文であって，能動文との変形関係は成立しない。例文②は，「雨が降った」といった事象が含まれており，そのことを表す文（基本文）に直接かかわりのない関与者（我々）を主語に立て（文の表面に顕現化することはまれ），その主語が基本文の表す事象の影響を経験者として間接的に受けることを表している。このように基本文と派生関係によって対立する受動文は，間接受動文や第三者の受動文，関係者受動文などと呼ばれるもので，英語などにはない日本語固有の表現である。

例文③は，能動文「犬が私の足をかんだ。」のヲ格で示される動詞の直接対象（足）の持ち主（ノ格）を主語とする受動文で，所有者の受身や持ち主の受身などと呼ばれる。能動文のヲ格目的語の規定語を主語とすることは，参加者の数の増減がない点では直接受動文的であるが，その一方で動詞がとる連用補語が能動文の場合よりも一つ増えている点では間接受動文的である。また，主語が動作主からの行為を間接的に受ける点では間接受動文に通じるが，基本文の表す事象の影響を経験者として間接的に受けるのではなく，動作主の行為を受けている点では直接受動文的である。

　以上は，各受動文が何を主語として表現するのかといったことを能動文や基本文との関係から統語論的にとらえたのであるが，今度は動詞に着目して三種類の受動文の表現性を考えてみることにしよう。

　直接受動文の場合は他動詞をとり，主語が人為的・意志的行為の影響を直接的に受けることを表すのに対して，間接受動文の場合は自動詞をとり，無意志的事象の影響を間接的に受けることを表す。つまり，直接受動文は対応する能動文と同一の事象を動作主から描かずに被動者側から描いたものであるのに対して，間接受動文の場合は基本文の事象と関与者がその基本文の事象を受けるといった二つの事象の複層構造（「我々が［雨が降る］ことを被る。」）である。もっとも，次のような他動詞による間接受動文もあり，

④　（私は）南側にマンションを建てられて，困っている。（基本文「南側にマンションを建てた。」）

この場合も，「（私が）［南側にマンションを建てる］ことを被る。」と，基本文が表す事象の影響を間接的に受けることを表すと解することができる。

　所有者（持ち主）の受身は他動詞が多く，その他動詞が表す人為的・意志的行為を直接的に受けるのはヲ格で示される主語の所有物（足）であり，主語はその人為的・意志的行為を受ける主体として表現される（「私は犬に（私の）足をかまれた。」）。

　このような受動文と能動文・基本文との対立は，どのような述語動詞の形態と統語関係をもって何に視点を置いて表現するかといった，動詞の表す動作・作用の成立の仕方に関する情報を表す文法範疇であるヴォイス（態）の基本と言える。なお，ヴォイス（態）には能動態，受動態のほかに使役態や可能態，

自発態などがある。

2. 受動文の主語と動作主

例文①〜③の主語はいずれも人（有情物）であったが，直接受動文と所有者（持ち主）の受身文には，もの（非情物）を主語とする受動文がある。

⑤　記念切手が発売された。

⑥　木は枝を切られた。

それぞれの例文に対応する能動文は，⑤は「（郵政省が）記念切手を発売した。」，⑥は「（植木職人が）木の枝を切った。」であり，能動文のヲ格目的語やヲ格目的語の規定語である非情物が主語となった受動文であるので，非情の受身やもの受動文などと呼ばれる。

一方，直接受動文や所有者（持ち主）の受身文には，ほかにも能動文のニ格やカラ格補語なりニ格やカラ格補語の規定語が主語となる受動文があるが，これらの場合にはいずれも主語は人（有情物）であるため，人受動文と呼ばれる。

⑦　太郎が大家さんに部屋の明け渡しを迫られた。（能動文「大家さんが太郎に部屋の明け渡しを迫った。」）

⑧　太郎が大家さんに敷金を取られた。（能動文「大家さんが太郎から敷金を取った。」）

⑨　私は弟に本に落書きされた。（能動文「弟が私の本に落書きした。」）

⑩　私は誰かに後ろから声をかけられた。（能動文「誰かが私の後ろから声をかけた。」）

ところで，人受動文の例文①，③では動作主がニ格で表示されているのに対して，もの受動文の例文⑤，⑥では動作主が表示されていない。これは，例文①，③は主語である人が動作主から受ける行為を描いているのに対して，例文⑤，⑥は動作主の行為によって成立する状態や事柄に焦点を置いて描いていることの差異である。

また，同じ人受動文であっても例文⑦，⑧は行為性に，例文⑨は行為の結果性にそれぞれ意味の中心があり，例文⑦と⑧はカラで，例文⑨はニヨッテで動作主を格表示することも可能である。では，この行為性と結果性がカラとニヨッテの使い分けの理由となっていると考えてよいのであろうか。このこ

とを検証するために，カラやニヨッテが動作主を表す例文をさらに検討してみよう。

⑪　私は両親から愛されている。
⑫　両親が子供達からプレゼントを贈られた。
⑬　患者が医師によって救われた。

カラで動作主を表示する例文⑪と⑫は，確かに例文⑦，⑧と同様に行為性に意味の中心があるとみることができる。さらに，動詞の意味に着目してみると，例文⑪は「愛する」のほかにも「嫌う，期待する，信頼する，感心する，いじめる」などをとることができ，これらは心理的態度を表す動詞と一括することができる。また例文⑫の「贈る」は，「渡す，見せる」などとともに物品のやりとりを表す動詞としてとらえることができる。加えて，「話す，見せる，教える，求める，尋ねる，頼む」などの情報のやりとりを表す動詞も同様の類として考えることができよう。なお，カラを用いた場合は，ニ格と比べて「両親，子供達」に動作主だけではなく起点性がうかがえる。

例文⑬は例文⑨と同じく行為の結果性に意味の中心があり，ニヨッテで表示される動作主（弟，医師）は，ニ格で表示される場合よりも，その結果の状態を引き起こした者としての明示性が強い。このように，人受動文は動作主の表示は原則ニ格であるが，上記のような場合にはカラ格やニヨッテ格も用いられるのである。

次に，もの受動文の場合であるが，例文⑤，⑥のように動作主は常に非明示なのかというと，動作主が表示された次のような例文がある。

⑭　仕送りが親から届けられた。
⑮　法案が与党によって可決された。
⑯　増税が国会で決定された。

まず例文⑭の動詞は，人受動文の例文⑫と同じ物品や情報のやりとりを表すが，例文⑫とはニ格で動作主が表示できるかできないかといった差異がある。

⑫'　両親が子供達にプレゼントを贈られた。
⑭'　＊仕送りが親に届けられた。

つまり，物品や情報といった「もの」が主語になる場合は，物品や情報のや

りとりの動作主はカラ格に限定されることになる。

　次に例文⑮は，例文⑬と同じく行為の結果性に意味の中心があり，それゆえに動作主がニヨッテで表示されると考えられるのだが，やはりニ格で動作主を表示することができない。

⑬′　　患者が医師に救われた。

⑮′　＊法案が与党に可決された。

　また，例文⑮の場合は，単に行為の結果性に意味の中心があるだけではなく，主語と動詞との間には，動詞の行為により主語が生み出されたといった関係（「法案は可決されできあがったもの」）がある。このことは，次の例文⑰のような例に顕著であり，

⑰　　精密な日本地図が伊能忠敬によって作成された。

　動詞が「作成する，作る，建てる，描く，書く」などのある事物を作成・生産する意味をもち，主語がその行為により作成・生産されたものといった関係であることが帰納される。なお，例文⑤の主語（記念切手）と動詞（発売する）もこのような関係とみることができ，動作主を表示する場合にはニヨッテ格が用いられる。

⑤　　記念切手が（郵政省によって）発売された。

　例文⑯はデ格で表示される動作主が組織や機関などの場合であるが，そのデ格補語は単に動作主というより場所性を帯びたものと言える。なお，このデ格もやはり，ニ格に置き換えることはできない。このように，もの受動文の動作主はニ格ではなく，カラ格やニヨッテ格，デ格などで表示されるのである。

　以上のことから，動作主の表示は，主語が人かものかといったことと，動詞が表す意味との相関によって使い分けられていると考えられる。

　なお，間接受動文の場合は，主語は基本文の事象にそもそも関係していない者が関与者として立てられたものであるため人に限られ，動作主は人のほかに，もの・こともとるがニ格で表示される。

②　　我々は雨に降られた。

⑱　　私は父に早く亡くなられた。

3. 文 の 意 味

　間接受動文は，基本文に含まれない関与者を主語に立て，この主語が基本文の表す事象の影響を経験者として間接的に受けることを表すものであるが，この関与者が間接的に受ける影響とはどのようなものであるのだろうか。例文②，⑱をみると，関与者は「雨が降った」ことや「父が早く亡くなった」ことから不利益を被っている。このように，間接受動文は不利益を表すことが多いため，迷惑の受身とも呼ばれる。
　では，ほかの受動文はどうであろうか。
　⑲　私は先生に叱られた。
　⑳　私は先生に褒められた。
　㉑　私は理髪店の人に髪の毛を（変な形に／*すっきりと）切られた。
　例文⑲，⑳はともに人主語の直接受動文で，⑲が好ましくない意味合いで，⑳が好ましい意味合いとなっているが，この利害は動詞の語彙的意味も反映されている。その点，間接受動文の場合には，たとえば例文②「我々は雨に降られた。」をみると，動詞「降る」の語彙的意味のままであり，「雨が降った」といった事態そのものには利害性は含まれてはいない。しかしながら，対応する能動文「先生が私を叱った。」「先生が私を褒めた。」に比べて受動文に利害性を感じられなくもなく，それはやはり，主語側に立って動作主から動作・作用を受けることが描かれていることによる。
　例文㉑は所有者（持ち主）の受身であるが，好ましくない意味合いをもっている。しかも，この不利益・迷惑感といったものは，動詞「切る」や能動文「理髪店の人が私の髪の毛を切った。」にあるのではなく，受動文化によってもたらされたものである。なぜなら，受動文化によって，他者の作用を受け所有物の安定性や保持が損なわれるといった所有者にとって望ましくない害を被ることが表現されることになるからである。
　ちなみに，ある出来事から主体が迷惑・不利益や恩恵・利益などのなんらかの心理的影響を受ける事態を表す以上のような受動文は，受影受動文と呼ばれる。
　次に，もの受動文（非情の受身）を考える。考察のために，前掲の例文⑤（直接受動文）と⑥（所有者の受身）を再掲する。

⑤ 記念切手が発売された。
⑥ 木は枝を切られた。

これらの例文の場合，主語（記念切手，木）は経験者ではなく動作行為の対象物であり，動作主（郵政省，植木職人）も明示されておらず（背景化され），成立する状態や事柄が客観的に描かれ，利害の意味合いがないことはもとより，被動性も弱く自動詞文的なものである。ちなみに，動作主を背景化し動作の対象を主体として表現するこのような受動文は降格受動文とも呼ばれる。

4. 受動文の機能

受動文は，能動文が動作主の側から描く同一事象を被動者側から描くものと言えるが，その機能はどのようなものなのだろうか。能動文と直接対応関係にある直接受動文で考えることにする。

㉒ 警官が泥棒をつかまえた。
㉓ 泥棒が警官につかまえられた。

例文㉒の能動文と例文㉓の受動文とを比較すると，能動文の動詞の人為的・意志的意味が受動文では結果的・状態的意味に変容し，次のような自動詞文に近いものとなっている。

㉔ 泥棒が（警官に）つかまった。

このことは，もの主語の場合も同様であり，特に動作主が背景化されて動作の対象が主語として描かれる受動文㉖は，結果的・状態的意味が前面に出ており，他動詞文㉕に対応する自動詞文とみることができる。

㉕ 誰かが車を盗んだ。
㉖ 車が（誰かに）盗まれた。

このように，受動文化は能動文の述語動詞の動作性・働きかけ性を結果的・状態的な意味に変える機能をもっているため，直接受動文がとる動詞は自動詞ではなく他動詞に限定されるのである。

なお，他動詞能動文と受動文，自動詞文との差異を考えると，

㉗ 誰かが窓ガラスを割った。
㉘ 窓ガラスが（誰かに）割られた。
㉙ 窓ガラスが割れた。

他動詞能動文 ㉗ では動作主から対象への動作行為の働きかけそのものが表されているが，受動文 ㉘ は動作主からの働きかけが前提にあって成立する事態を表し，自動詞文 ㉙ はその働きかけ性が希薄で自然に成立した状態を表すといった差異がある。

ところで，例文 ㉒ と ㉔，㉕ と ㉖，㉗ と ㉘ は，実際の発話としてはどちらが自然な表現と言えるだろうか。㉔ や ㉖，㉘ の方が自然な発話ではなかろうか。なぜなら，これらは動作主が不明であったり，動作主を明示しても情報としてさほど意味がない場合であって，動作主が背景化され結果的・状態的な面から主語についての事態を描く受動文が選択されるためである。仮に，動作主が明らかであったり，動作主を明示することが情報として価値がある場合には，能動文と受動文との選択は動作主側から描こうとするか被動者側から描こうとするかによる選択となり，どちらが自然な表現といったことはない。

㉚　コロンブスがアメリカ大陸を発見した。
㉛　アメリカ大陸がコロンブスによって発見された。

ただし，次のような例文では動作主が表示された受動文の方が，能動文よりも自然である。理由は何であろうか。

㉜ a　あれ，松の木が枯れている。虫に食われたんだな。
　 b　あれ，松の木が枯れている。虫が松の木を食ったんだな。
㉝ a　太郎君はいたずらをして，先生に叱られました。
　 b　太郎君はいたずらをして，先生が太郎君を叱りました。
㉞ a　会社から呼び出されたので，面接に行ってきます。
　 b　会社が（私を）呼び出したので，面接に行ってきます。

例文 ㉜ は二文の連接，㉝ と ㉞ は複文であるが，それぞれのaとbの差異には，前後の文が能動文同士なのか能動文と受動文との組み合わせなのかといったことのほかに，前後の文の主語が同一なのか異なるのかといったこともある。例文 ㉜ の前文は「松の木」について述べているため，後文も同じ「松の木」の側から描く受動文が選択されるのである。複文も同様に，㉝ では「太郎君」，㉞ では「私」の側から従属節と主文の事態を一貫して描く方が自然といえる。つまり，同一の主語に視点を統一して前後の二つの文を描かんがために受動文が選択されるといえる。

■ 発展問題

(1) 「ビタミンCは苺に含まれている。」のような文について，次の問1〜3の問題を考えてみよう。
　問1　能動文「苺はビタミンCを含んでいる。」とは，どのような関係にあるだろうか。
　問2　直接受動文である「太郎は次郎に助けられた。」や非情の受身である「家が台風に破壊された。」，降格受動文である「記念切手が発売された。」とは，表される事象・事態の点でどのような差異があるだろうか。
　問3　受動文「このアニメキャラクターは多くの子供達に親しまれている。」とは，どのような共通点があるだろうか。また，このような例文をほかに考えてみよう。

(2) 間接受動文の動詞は自動詞が多いが，受動文を作れない自動詞にはどのようなものがあるか。

(3) 所有者（持ち主）の受身について，次の問1，2の問題を考えてみよう。
　問1　「私は足を犬にかまれた。」と「私はその一言に神経を逆なでられた。」とはどのような差異があるだろうか。「私は犬にかまれた。」と「私はその一言に逆なでられた。」との対応関係から考えてみよう。
　問2　主語は能動文のヲ格補語の規定語のほかにもニ格やカラ格補語の規定語をとる場合があったが，それぞれの場合の動詞の特徴や動作主の表示形式を調べてみよう。

(4) 次のa，bの例文は，直接受動文，所有者（持ち主）の受身，間接受動文のいずれだろうか。能動文との対応関係や基本文との派生関係から考えてみよう。
　a　太郎がスリに財布をすられた。
　b　僕は模型を弟に壊された。

(5) 直接受動文や間接受動文，人受動文やもの受動文（非情の受身）の使用状況を通時的に調べてみよう。なお，その際には，補語の有無や有生性・無生性，動詞の特徴，作品のジャンルや個別の傾向などにも着目して調べてみよう。

(6) 次のa，bのような受動文は，どのような特徴があるだろうか。直接受動文

や所有者（持ち主）の受身，間接受動文と比較して考えてみよう。
　a　外国との技術競争で，特にアメリカに多くの特許を取得されている。
　b　ライバル社に新薬を先に開発された。

(7) 他動詞の受動形にかかわる次の問1，2の問題を考えてみよう。
　問1　「教わる，切れる，うなされる，焼け出される，恵まれている」は，他動詞の受動形と自動詞のどちらであるか考えてみよう。
　問2　他動詞の受動形と対応する動詞を自動詞的なものと他動詞的なものに分けてみよう。また，それぞれの場合について，主語や動作主の有生性・無生性と動作主を表示する格形式について考えてみよう。

(8) 受動文と使役文との構文的な対称性について，次の問1～3の問題を考えてみよう。
　問1　能動文やもとの文との対応関係で，格成分を一つ減らす受動文，格成分を一つ増やす使役文の例文を挙げてみよう。
　問2　能動文やもとの文との対応関係で，動作・作用の影響を受ける方に主語を交替させる受動文，動作・作用の影響を与える方に主語を交替させる使役文の例文を挙げてみよう。
　問3　基本文やもとの文との派生・対応関係で，間接的な影響を受けるものを主語として加える受動文，間接的な影響を与えるものを主語として加える使役文の例文を挙げてみよう。

(9) 使役文「セコンドはボクサーをストップさせた。」と使役受動文「ボクサーはセコンドにストップさせられた。」とでは，どのような差異があるか考えてみよう。

■ 参考文献
1) 大鹿薫久「使役と受動（一）」『山辺道』30号（天理大学国語国文学会，1986）
2) 大鹿薫久「使役と受動（二）」『山辺道』31号（天理大学国語国文学会，1987）
3) 奥津敬一郎「何故受身か？―〈視点〉からのケース・スタディ―」『国語学』132号（国語学会，1983）
4) 奥津敬一郎「使役と受身の表現」『国文法講座6 時代と文法―現代語』（明治書院，1987）
5) 奥津敬一郎「続・何故受身か？」『国文目白』28号（日本女子大学国語国文学会，1988）

参 考 文 献

6) 奥津敬一郎「日本語の受身文と視点」『日本語学』11巻9号（明治書院，1992）
7) 金水　敏「述語の意味層と叙述の立場」『女子大文学』41号（大阪女子大学国文学科，1990）
8) 金水　敏「場面と視点―受身文を中心に―」『日本語学』11巻9号（明治書院，1992）
9) 工藤真由美「現代日本語の受動文」『ことばの科学 4』（むぎ書房，1990）
10) 小嶋栄子「使役うけみ文について―その意味と用法―」『日本語学科年報』15号（東京外国語大学外国語学部日本語学科，1994）
11) 近藤政行「自発と受身」『文学論叢』11号（徳島文理大学文学部文学論叢編集委員会，1994）
12) 定延利之「SASEと間接性」『日本語のヴォイスと他動性』（くろしお出版，1991）
13) 佐藤里美「使役構造の文(2)―因果関係を表現するばあい―」『ことばの科学 4』（むぎ書房，1990）
14) 続　三義「日本語の視点と立場」『言語・文化研究』7号（東京外国語大学大学院外国語学研究科，1989）
15) 菅井三実「日本語における直接受け身文と間接受け身文の統一的説明」『名古屋大学日本語・日本文化論集』2号（名古屋大学留学生センター，1994）
16) 杉本　武「ニ格をとる自動詞―準他動詞と受動詞―」『日本語のヴォイスと他動性』（くろしお出版，1991）
17) 砂川有里子「〈に受身文〉と〈によって受身文〉」『日本語学』3巻7号（明治書院，1984）
18) 高橋太郎「現代日本語のヴォイスについて」『日本語学』4巻4号（明治書院，1985）
19) 竹沢幸一「受動文，能格文，分離不可能所有構文と「ている」の解釈」『日本語のヴォイスと他動性』（くろしお出版，1991）
20) 張　麟声「能動文受動文選択にみられる一人称の振舞い方について」『日本学報』13号（大阪大学文学部日本学研究室，1994）
21) 寺村秀夫『日本語のシンタクスと意味Ⅰ』（くろしお出版，1982）
22) 外池滋生「日本語の受動文と相互文」『日本語のヴォイスと他動性』（くろしお出版，1991）
23) 仁田義雄「ヴォイス的表現と自己制御性」『日本語のヴォイスと他動性』（くろしお出版，1991）
24) 仁田義雄「持ち主の受身をめぐって」『藤森ことば論集』（清文堂，1994）
25) 野田尚史「日本語の受動化と使役化の対称性」『文藝言語研究 言語篇』19号（筑波大学文芸・言語学系，1991）
26) 野田尚史「文法的なヴォイスと語彙的なヴォイス」『日本語のヴォイスと他動性』（くろしお出版，1991）
27) 早津恵美子「有対他動詞の受身表現について―無対他動詞の受身表現との比較を中心に―」『日本語学』9巻5号（明治書院，1990）
28) 細川由紀子「日本語の受身文における動作主のマーカーについて」『国語学』144号（国語学会，1986）

29) 堀口和吉「競合の受身」『山辺道』34号（天理大学国語国文学会，1990）
30) 益岡隆志『命題の文法』（くろしお出版，1987）
31) 益岡隆志「受動表現と主観性」『日本語のヴォイスと他動性』（くろしお出版，1991）
32) 松田剛史「受身文の『によって』」『大谷女子大国文』16号（大谷女子大学国文学会，1986）
33) 村木新次郎「ヴォイスのカテゴリーと文構造のレベル」『日本語のヴォイスと他動性』（くろしお出版，1991）
34) 村木新次郎『日本語動詞の諸相』（ひつじ書房，1991）

第11章 「今，ごはんを（食べる，食べた，食べている，食べていた）。」はどう違うのか？

【語論Ⅰ，動詞】

キーワード：テンス，アスペクト，ル形・タ形，述語の意味タイプ，動的・静的，テンスからの解放，ムード用法，スル，シテイル，完成相・継続相，時間的な長さ・幅，継続動詞・瞬間動詞，主体変化動詞，アクチオンザルト，テ系補助動詞形式，複合動詞形式，シテアル，開始・継続・終了，動きの結末点，シツヅケル，従属節，絶対テンス・相対テンス，〜トキ，タクシス

1. テンスとアスペクト

学校文法では，助動詞「た」には過去・完了・存続の用法があると説明されるが，それぞれの例文は次のようなものである。

① 昨夜は8時に寝た。（過去）
② やっと作品ができあがった。（完了）
③ 尖った鉛筆。（存続）

①の例文は事態成立が発話時点より以前であることを表し，②の例文は未完了・未然の事態に対しての事態の完了性・既然性を表し，③の例文は状態変化が終結しその結果の状態の存続（「尖っている」）を表している。

①のような発話時点と言表事態との時間関係をテンス（時制）といい，②や③のような言表事態を時間的展開の局面からとらえる表し方をアスペクト（相）という。では，現代日本語のテンスやアスペクトの体系はどのようなものとなっているのだろうか。

2. 述語の意味タイプとテンス

テンスには，事態成立が発話時点より以前である過去以外に，発話時点である現在，発話時点以後の未来がある。

④ 今，机の上に1冊の本がある。（現在）
⑤ 明日旅行に出かける。（未来）

ここで，問題となるのは，過去が助動詞「た」によって表されるといったこ

とからすれば，現在や未来は何によって表されるのかといったことである。例文の述語「ある，出かける」は動詞の終止形（基本形）であってなにも付加されてはいない。ただし，動詞の形態としてみた場合，過去がタ形であるのに対して，現在や未来といった非過去はル形（「た」の付かない形）とみることができる。これは，「た」固有の文法的意味を考えるのか，動詞に「た」が付いた形と付かない形とが対立し形態的な体系をなすと考えるのか，の違いである。ちなみに，過去・現在・未来のテンスを表し分けるには，「昨夜，今，明日」などの時間名詞・時間副詞も用いられるが，これらの使用が任意的・付随的であるのに対して，述語動詞のル形とタ形の使用は義務的・中核的である。

　テンスを述語の形態によって表し分けられる文法カテゴリーとして狭義に考えた場合，テンス体系は述語がタ形であれば過去で，ル形であれば非過去といったシンプルなものとしてとらえられることになるが，同じル形である例文④と⑤の現在と未来の差異はどこから生じるのであろうか。考えられる差異は，「ある」が存在動詞で，「出かける」が動作動詞といったことである。つまり，述語の種類や意味タイプがル形の意味用法とかかわっているのではないかということである。

　確かに，ル形が基本的に未来を表すのは，動作動詞のほかにも動きや状態変化を表す動詞があり，いずれも動的なものである。

⑥　もう少し掘れば，水が出る。

⑦　そんなに食べると太るよ。

一方，存在動詞のル形は，現在だけではなく，過去から現在までの持続（⑧）や未来の状態（⑨）をも表すが，

⑧　一番乗りを果たそうとして，昨夜から多くの人々が店の前にいる。

⑨　明日入社試験がある。

ほかにも，「見える，聞こえる」などの状態動詞（⑩〜⑫）及び名詞や形容詞・形容動詞述語（⑬，⑭）などの状態や属性といった静的な述語のル形も，存在動詞と同様に現在及び過去から現在までの持続や未来の状態を表す。

⑩　あっ，富士山が見える。

⑪　さっきから富士山の姿が見えるよ。

⑫　明日は快晴だから，東京から富士山が見えるよ。

⑬　私は（現在は／去年から／来年から）社会人です。
⑭　（わあ／昨日から／明日は）寒い。

ところで，次の例文の事態成立はいつだろうか。

⑮　誰も知らないと思う。
⑯　なんか，いい匂いがするぞ。
⑰　彼の行動には感心する。

例文⑮は述語が「思う，考える，信じる，疑う」などの思考動詞，例文⑯は述語が「匂い／音／味／気配／気がする」などの感覚でとらえた印象を表す動詞，例文⑰は述語が「感心する，苦しむ，悩む，むかむかする」などの発話者の感情や感覚を表出する動詞であり，いずれの例文も発話時現在を表している。

では次に，述語がタ形となる場合について，同様に述語の意味タイプとの相関から考えてみよう。

⑱　その映画は先月観ました。
⑲　その映画ならもう観ました。
⑳　昨日富士山が見えた。
㉑　朝から富士山が見えた。

例文⑱，⑲は動作動詞，例文⑳，㉑は状態動詞であるが，⑱と⑳は現在から切り離された過去を，⑲は現在に関係した表現である現在完了を，㉑は過去から現在までの持続を表している。なお，動きや状態変化を表す動詞は，動作動詞と同じく現在から切り離された過去と現在完了を表し（㉒，㉓），存在動詞及び名詞や形容詞・形容動詞のタ形は，状態動詞と同じく現在から切り離された過去と過去から現在までの持続を表す（㉔〜㉖）。つまり，タ形の述語が動的なものか静的なものかといったことで，現在完了と過去から現在までの持続の用法の差異が生じることになる。

㉒ a　1時間前に朝日が出た。（現在から切り離された過去）
　　b　朝日はもう出ちゃったよ。（現在完了）
㉓ a　昨日強風で家が壊れた。（現在から切り離された過去）
　　b　旧居はあっという間にすっかり壊れた。（現在完了）
㉔ a　昨日は家にいました。（現在から切り離された過去）

b　朝からずっと家にいました。（過去から現在までの持続）
㉕　a　この商品は去年評判だった。（現在から切り離された過去）
　　　b　この商品は去年から評判だった。（過去から現在までの持続）
㉖　a　昨日はすることがなくて退屈だった。（現在から切り離された過去）
　　　b　朝からずっと退屈だった。（過去から現在までの持続）

3. テンスからの解放

　さらに，動的な動詞には，ル形が現在の習慣や性質を表し，タ形が過去の習慣や性質を表す用法があるが，これらはどのような表現と考えられるだろうか。
㉗　a　父は朝夕必ず散歩する。（現在の習慣）
　　　b　近ごろの子供達は家の中で一人で遊ぶ。（現在の性質）
㉘　a　昔は父は朝夕必ず散歩した。（過去の習慣）
　　　b　かつての子供達は家の外で皆で遊んだ。（過去の性質）
　一つには，習慣や性質であっても現在や過去の事態を表している点でテンス表現とみる立場があるが，一方では発話時点といった具体的な時間と関係づけられていないテンスから解放された表現とみる立場がある。後者の立場に立てば，次のような真理や一般的性質，能力などを表すル形との統一的な説明がなされることになる。
㉙　　日はまたのぼる。（真理）
㉚　　イギリス人はよくアフタヌーンティを飲む。（一般的性質）
㉛　　彼は誰よりも速く走るよ。（能力）
　では，次のような例文はどのような表現であろうか。
㉜　　あ，ここにあった。
㉝　　確か，宿題があった。
　これらは，ル形でも表すことができることから発話時の表現と言えるのだが，タ形が使われている。一つの考え方は，㉜は発見，㉝は想起・思い出しといった文の表現性から，この「タ」をテンスから解放されたムード用法とみる立場である。もう一つの考え方は，発見を「発話時点での認識から，知らなかったそれまでの状態をさかのぼって位置づけた」用法，想起・思い出しを「発話

時点での認識から，忘れられていた過去の事態をさかのぼって位置づけた」用法として，つまり「タ」を過去を表すテンスとしてみる立場がある。

「タ」にムード性を認める立場からすれば，次のような例文の「タ」にも確認や回想，後悔などのムード用法を認めることになる。

㉞　そんな話聞いていた？（確認）
㉟　あの仕事は大変だったなあ。（回想）
㊱　しまった。人に見られた。（後悔）

ただし，「タ」自体に果たしてこれほど多くのムード用法を認めるべきかどうかが問われることになろう。たとえば，これらのムード性は文のほかの要素や語用的な条件から付随的にもたらされたニュアンスであって，「タ」は話者の確述意識（事柄が確立確定したものとして述べる意識）を表すとの見方もある。

一方，「タ」を過去を表すテンスとしてみる立場では，㉞は「その話を聞いたという体験の時点」，㉟は「あの仕事が大変だったという体験の時点」，㊱は「人に見られたという体験の時点」としての過去を，「タ」が表すととらえることになる。

ところで，このようなムード的意味を表す例文に何か共通することはないだろうか。述語に着目してみると，それらは存在動詞や形容詞・形容動詞，状態を表す動詞述語形（「聞いている」「見られる」）などの静的・状態的なものである。さらに，関係を表す動詞述語（㊲）や名詞述語（㊳）を考えると，やはり発見や想起などのムード的な意味となる。

㊲ a　あ，この道は違った。（発見）
　　b　そうそう，君は僕のクラスとは違ったね。（想起）
㊳ a　え，君はクリスチャンだったんだ。（発見）
　　b　そういえば君はクリスチャンだったね。（想起）

このことは，時間性が希薄な述語である場合には，「タ」形がテンスとして働くよりもムード的意味を表すことをうかがわせる。

4. スルとシテイル

次の例文は章名に挙げたものであるが，㊴はaが非文で，㊵はbが非文である。これらのことからどのようなことが指摘できるだろうか。

㊴ a ＊今（現在の意），ごはんを食べる。
　　b 　今（これからの意），ごはんを食べる。
㊵ a 　今（現在の意），ごはんを食べている。
　　b ＊今（これからの意），ごはんを食べている。

　第2節で考えたテンスの観点からすれば，「食べる」は動作動詞であり，例文㊴はこれからの意の「今」との共起ともかかわって未来のことを表すが，例文㊵の「食べている」は現在の意の「今」との共起ともかかわって現在のことを表すと言える。また，㊴bは動的な事態を表すが，㊵aは進行中の状態的な事態を表すとも言える。実は，後者のように，事態を動きとしてとらえるか状態としてとらえるかという，とらえ方の違いを表す基本的な対立を狭義アスペクトといい，この対立はスルとシテイルの動詞述語の形態によって表し分けられているのである。では，このテンス性とアスペクト性の両面をどう統合して考えたらよいのだろうか。

　まず，アスペクト性については，スル形が表す動きはその動作が分割されることなく，始発から終了までまるごとのすがたで差し出される完成相とされ，シテイル形が表す状態は動作過程の運動の局面が取り出され，その局面の中にあるすがたが表された継続相とされる。次に，このこととテンス性を合わせて考えると，動きは発話時という瞬間において，始発から終了までのまるごとを取り上げることができないためにスル形で現在を表すことができず，状態は時間的に続く事態の一部であって発話時の瞬間にその一部を取り出すことができるためにシテイル形で現在を表すことができると説明される。

　なお，シタ形とシテイタ形については，どちらもテンスとしては過去であるが，次の例文では，シタ形が発話直前の時点で成立したひとまとまりの動きを表すのに対して，シテイタ形は発話直前の時点において継続中の動きを表している。

㊶　今さっきごはんを食べたよ。
㊷　今さっき何してたって。ごはんを食べていたんだよ。

　また，二つの事態間の時間関係は，シタ形が継起でシテイタ形が同時を表す。

㊸　待ち合わせの場所に太郎が来た。次に，花子が来た。（継起）

㊹ 待ち合わせの場所に太郎がやって来た。すると，花子が来ていた。（同時）

この相違も，事態をひとまとまりのものとしてとらえるものと，継続中のものとしてとらえるものとの差異が反映されたものといえる。

では，次のシテイル形の例文も進行中の状態を表しているのだろうか。

㊺ 家中の明かりがすべて消えている。

㊻ 彼は太っている。

例文㊺と㊻は，動きの進行中ではなく結果の状態を表しているとみることができるが，このような表現性がなぜ生じるのだろうか。まず，例文㊺の動詞「消える」を例文㊵の動詞「食べる」と対比してみると，時間的に「消える」が瞬間的な動きで「食べる」が一定の時間幅での継続的な動きといった差異がある。このように時間的な長さ・幅に着目する立場からは，動きが時間的な長さ・幅をもった動詞であればシテイル形が進行中を表し，動きが時間的な長さ・幅をもたないものであれば結果の状態を表すとし，それぞれの動詞が継続動詞と瞬間動詞として分類される。

ところが，例文㊻も同じく結果の状態を表すが，その動詞「太る」は瞬間動詞とは言いがたい。つまり，時間的な長さ・幅の観点以外の両動詞の共通性を考えなくてはならない。このことについては，どちらも言表事態以前の事態があり，その事態が変化して言表事態が生じている，例文に即せば「消えていない（ついている）」状態から「消える」状態に「明かり」が変化し，「太っていない」状態から「太る」状態に「彼」が変化している。そして，これらの状態が変化した時点以降の状態がシテイル形で表されるのである。このような動詞を主体変化動詞といい，シテイル形は動作動詞か主体変化動詞かで進行中と結果の状態とに分かれるとされる。

それでは，次の例文はどうであろうか。

㊼ 着物を着ている。

「着る」は動作動詞でもあり，着ていない状態から着ている状態へ変化する動詞とも言える。確かに，例文は「長時間かかって」などを補った場合には動作の進行中を表し，「長時間」などを補った場合には結果の状態を表す。このことは，「着る」という動きには，身繕いの動作過程と，それによって身繕い

が終了し着ていない状態から着ている状態への変化，及びその結果である着た状態の継続・維持といった三つの局面があること，そしてこの場合，シテイル形のみでは身繕いの動作過程と結果である着た状態の継続・維持のどちらの局面かが判然としておらず，副詞や時間名詞などによってアスペクトの意味解釈が決定されることを表している。

つまり，動きを表す動詞の場合，スル形とシテイル形で動きと状態を描き分けるだけではなく，シテイル形が表すアスペクトの局面は時間的な長さ・幅，動きか変化か，副詞や時間名詞などがかかわっているといえる。

なお，次のような例文ではスル形とシテイル形のアスペクト対立がない。

㊽　一軒の家がある（＊あっている）。
㊾　この靴は小さすぎる（＊小さすぎている）。
㊿　眼前に富士山がそびえている（＊そびえる）。

例文㊽，㊾はル形で（シテイル形はない）現在の状態を表し，例文㊿は常にシテイル形をとって現在の状態を表しており，スル形とシテイル形のアスペクトの区別をもたない。これらの例文の動詞は，状態や性質・属性などを表す動詞であって動きは表せない。

5. アクチオンザルト

先の動作過程や変化の時点，変化の結果の状態などは，事態を動きとしてとらえるか状態としてとらえるかという対立（狭義アスペクト）だけではなく，事態を時間的展開からとらえるものとも言える。ほかにも，動きの時間的な局面をとらえる仕方には，テ系補助動詞形式（シテアル，シテオク，シテクル，シテイク，シテシマウなど）や複合動詞形式（シハジメル，シダス，シカケル，シツヅケル，シツヅク，シオワル，シオエル，シヤムなど）によるものがある。これらをアクチオンザルトといい，この動きの時間的な局面をとらえる仕方を含めた文法カテゴリーが広義アスペクトとされる。

たとえば，シテアルをシテイルと比較すると，

㉛ a　窓が開けてある。
　 b　窓を開けている。
　 c　窓が開いている。

5. アクチオンザルト

　シテイルはbが動作の進行中，cが主体（窓）が変化した結果の状態を表しているのに対して，シテアルのaは客体（窓）が変化した結果の状態を表している。このことは，動詞の自他ともかかわって，意志的な他動詞をとるbは動作の進行中に，無意志的な自動詞をとるcは変化の結果に焦点があり，aの「開けてある」は他動詞にテアルが付くことで自動詞化し，動作を働きかける対象の変化の結果に焦点が置かれると解釈される。

　複合動詞形式は，「シハジメル，シダス，シカケル」（開始）や，「シツヅケル，シツヅク」（継続），「シオワル，シオエル，シヤム」（終了）などによって，動きの開始・継続・終了の局面を表すが，これらはどのような動詞にも付くことができるのだろうか。動きの開始・継続・終了の局面を表すということは，動きが展開過程をもち始まりと終わりが分離可能であるとともに，動きが時間的な広がりをもって成立・存在する持続性をもたなければならない。つまり，状態や性質・属性などを表す動詞（「ある・いる・要る・そびえている・優れている」など）はもとより，ある種の動きはあってもそのような条件を満たさない瞬間動詞（「死ぬ・生まれる」など）には後接させることができない。

　ところで，「走る」と「書く」などの動きの差異は，次のようなテストから，「走る」は動きの結末点が内在しない非限界的な事象で，「書く」は動きの結末点が内在する限界的な事象と指摘される。

㊷　a＊走っているが，まだ走れていない。
　　b　レポートを書いているが，まだ書けていない。

　しかしながら，「シオワル，シオエル」などを後接させると，「走る」の場合も動きの終了点をもつ限界的な事象を表すことになる。

㊳　5キロを走り終わる（終える）。

　次に，継続の局面であるが，シツヅケル形式の例文㊴のa〜cに差異はないだろうか。

㊴　a　走り続ける。
　　b　レポートを書き続ける。
　　c　窓を開け続ける。

　シツヅケル形式をとることで，動詞の結末点の有無（限界性・非限界性）にかかわらず，aとbの文はどちらも動きの継続を表す。一方，cの文は動きの

継続の解釈のほかに結果の持続として解釈することもできる。なぜなら、「開ける」という動作には、動作過程とその動作によって対象が変化する時点（開く時点），さらには変化した状態が持続する局面があるからである。つまり、「開け続ける」は動作過程と変化した状態が持続する局面を取り出し、それらがともに一定の時間幅をもつ局面であることを示すものといえる。

以上、現代日本語のテンスやアスペクトが、述語（アスペクトの場合には、動詞述語）の語彙的意味タイプや時間的な内部構造と形態的な対立との相関によって、規定され体系化されることをみた。

■ 発展問題

(1) 次のa～dの例文は、動詞ル形が現在を表すものであるが、動詞の意味的特徴や用法について考えてみよう。
 a これで授業を終えます。
 b 注文の品、ここに置きます。
 c はい、できます。
 d 打球がのびる。センターバックする。

(2) 次のa～cの例文は、述語動詞にル形でもタ形でも用いることができるものであるが、ル形を用いた場合とタ形を用いた場合とではどのような差異があるかを考えてみよう。また、両方の形式を用いることができるということは、テンスのどのような性質が反映されていると考えられるだろうか。
 a ＜時計を見ながら＞あ、12時に（なる／なった）。
 b ＜先生が廊下を教室に向かって来る状況で＞あ、先生が（来る／来た）。
 c よし、これに（決める／決めた）。

(3) 状態や属性を表す静的な述語のタ形の多くは、現在から切り離された過去と過去から現在までの持続を表すが、次のa～dの例文は、それ以外の用法であったり非文となるものである。これらの例文の述語の意味的特徴を考えたうえで、動きを表す動的な動詞述語の場合も含め、述語の品詞や意味タイプとタ形の意味用法との相関について整理してみよう。
 a （地球には一つの月があった。／父はしゃれていた。／太郎は次郎にそっくりだった。／忠犬ハチ公は秋田犬だった。）＜主体の非存在＞
 b そういえば、（地球には一つの月があった。／父はしゃれていた。／太郎は

次郎にそっくりだった。／忠犬ハチ公は秋田犬だった。）＜想起＞
　c　そうか，（地球には一つの月があったんだ。／父はしゃれていたんだ。／太郎は次郎にそっくりだったんだ。／忠犬ハチ公は秋田犬だったんだ。）＜発見＞
　d　＊かつては（太郎は次郎の実兄だった。／忠犬ハチ公は秋田犬だった。）

(4) 発見を表す動詞タ形について，次の問1, 2の問題を考えてみよう。
　問1　財布を探していた状況がある場合とない場合では，ル形とタ形のどちらの発話表現（「あれ，こんなところに財布が（ある／あった）。」）が自然であるだろうか。
　問2　拾った財布の厚みに気づいた表現としては，財布を探していた状況のあるなしにかかわらず，なぜル形が自然でタ形が不自然なのだろうか（「わあ，この財布（ぶ厚い／＊ぶ厚かった）。」）。

(5) 動きを表す動詞のシテイル形について，次の問1～3の問題を考えてみよう。
　問1　「行く，来る」のシテイル形「行っている，来ている」は，動きのどのような局面を表すのだろうか。
　問2　どのような副詞と共起することで，どのような意味が派生するか調べてみよう。
　問3　形式名詞を用いた「ところだ」によっても進行中の状態を表すことができるが，＜「さっきは何をしていたの？」と尋ねられて＞「さっきは探し物を（していたのよ／していたところだったのよ）。」のようなシテイタ形とトコロダ形のどちらも用いることができる場合と，＜待ち合わせに遅れた言い訳として＞「ごめんね。探し物を（していたのよ／＊していたところだったのよ）。」のようなトコロダ形が不自然になる場合とがある。この差異を考えてみよう。

(6) 動きの終了を表す「シオワル，シオエル，シヤム」形式の差異について，動きの主体や動きの意志性に着目して考えてみよう。

(7) 次の問1～4の問題を考えてみよう。
　問1　「明日，彼女が着た衣装を見る。」の「着た」と「昨日，彼女が着る衣装を見た。」の「着る」は，いつのことを表しているだろうか。

問2　「明日来た人は，明後日は来なくていいですよ。」の「来た」は，いつのことを表しているだろうか。

問3　「旅行に行く約束がやっと先月実現しました。」の「行く」は，いつのことを表しているだろうか。

問4　「目立つ色の服を着た人が近づいて来た。」の「着た」は，いつのことを表しているだろうか。

(8) 複文のテンスについて，次の問1～3の問題を考えてみよう。

問1　従属節によっては述語がル形にカタ形に固定されているものがあるが，それぞれどのような従属節の場合かを調べてみよう。

問2　従属節のテンスには発話時を基準とする場合（絶対テンス）と主節時を基準とする場合（相対テンス）とがあるが，「ノデ節，ノニ節，ナラ節」について調べてみよう。

問3　「～トキ」は時間の幅の点では時期限定的で，時間的関係（タクシス）の点では同時的であるが，「XスルトキYシタ」と「XシタトキYシタ」構文では，XとYの事態の時間的前後関係にどのような差異があるだろうか。また，「XトキY」は，Xの語彙的意味タイプによってどのようなものとなるか調べてみよう。

■ 参考文献

1) 井上文子「『アル』『イル』『オル』によるアスペクト表現の変遷」『国語学』171号（国語学会，1992）
2) 井上　優「中国語・韓国語との比較から見た日本語のテンス・アスペクト」『月刊言語』30巻13号（大修館書店，2001）
3) 岩崎　卓「ノデ節，カラ節のテンスについて」『国語学』179号（国語学会，1994）
4) 岩崎　卓「複文における時制」『月刊言語』30巻13号（大修館書店，2001）
5) 影山太郎『動詞意味論』（くろしお出版，1996）
6) 紙谷英治「テンスとアスペクト」『講座 日本語と日本語教育4 日本語の文法・文体(上)』（明治書院，1989）
7) 金水　敏「連体修飾の～タについて」『日本語の名詞修飾表現』（くろしお出版，1994）
8) 金田一春彦編『日本語動詞のアスペクト』（むぎ書房，1976）
9) 工藤真由美『アスペクト・テンス体系とテクスト―現代日本語の時間の表現―』（ひつじ書房，1995）
10) 工藤真由美「述語の意味類型とアスペクト・テンス・ムード」『月刊言語』30巻13号（大修館書店，2001）

11) 小池聡子「実況放送のアスペクト―眼前描写文と状況説明文とを対比して―」『言語文化研究』3号（東京女子大学言語文化科，1994）
12) 定延利之「情報のアクセスポイント」『月刊言語』30巻13号（大修館書店，2001）
13) 塩入すみ「トキとトキニとトキ(ニ)ハ―時を表す従属節の主題化と非主題化形式―」『日本語類意表現の文法（下）複文・連文編』（くろしお出版，1995）
14) 鈴木　泰『古代日本語のテンスとアスペクト』（ひつじ書房，1992）
15) 高橋太郎『現代日本語のアスペクトとテンス』（秀英出版，1985）
16) 高橋太郎「動詞（その七）」『教育国語』96号（むぎ書房，1989）
17) 高橋太郎『動詞の研究　動詞らしさの発展と消失』（むぎ書房，1994）
18) 寺村秀夫「時間限定の意味と文法的機能」『副用語の研究』（明治書院，1983）
19) 寺村秀夫『日本語のシンタクスと意味Ⅱ』（くろしお出版，1984）
20) 中畠孝幸「現代日本語の連体修飾節における動詞の形について―ル形・タ形とテイル形・テイタ形―」『人文論叢』12号（三重大学人文学部文化学科，1995）
21) 仁田義雄『日本語文法研究序説』（くろしお出版，1997）
22) 丹羽哲也「連体修飾節のテンスとアスペクト」『月刊言語』30巻13号（大修館書店，2001）
23) 丹羽哲也「ル形とタ形のアスペクトとテンス―独立文と連体節―」『人文研究』48号（大阪市立大学文学部，1996）
24) 野田尚史「テンスから見た日本語の文体」『文化言語学』（三省堂，1994）
25) 橋本　修「相対基準節の諸タイプ」『国語学』181号（国語学会，1995）
26) 堀川智也「心理動詞のアスペクト」『北海道大学言語文化部紀要』21号（北海道大学言語文化部，1992）
27) 町田　健『日本語の時制とアスペクト』（アルク，1989）
28) 三原健一『時制解釈と統語現象』（くろしお出版，1992）
29) 牟　世鍾「動きの成立の表現における『ル』形と『タ』形―現在の表現と関連して―」『森野宗明教授退官記念論集　言語・文芸・国語教育』（三省堂，1994）
30) 牟　世鍾「発見・思い出しにおける『ル』形と『タ』形」『日本語学』12巻2号（明治書院，1993）
31) 森井　紳「時間的意味について―述定述語と連体述語―」『国語国文』60巻8号（京都大学文学部国語学国文学研究室，1991）
32) 森田良行「確述意識を表す『た』」『月刊言語』30巻13号（大修館書店，2001）
33) 森山太郎「日本語アスペクトの時定項分析」『論集日本語研究(1)』（明治書院，1986）
34) 森山卓郎『日本語動詞述語文の研究』（明治書院，1988）
35) 森山卓郎『ここからはじまる日本語文法』（ひつじ書房，2000）
36) 守屋三千代「『シテシマウ』の記述に関する一考察」『早稲田大学日本語研究教育センター紀要』6号（早稲田大学日本語研究教育センター，1994）
37) 吉田茂晃「現代日本語の時制組織について」『国文論叢』19号（神戸大学文学部国語国文学会，1992）

第12章 「あいにくですが父は留守です。」と「せっかくですが父は留守です。」はどこが違うのか？

【語論Ⅱ，副詞―評価注釈】

キーワード：「あいにく」，「せっかく」，言語主体的意義，評価・注釈副詞，構文構造，副用語の自用語化

1. 言語主体的意義

章名の例文「あいにくですが父は留守です。」と「せっかくですが父は留守です。」は，

　　（父を訪ねて来た来客）「お父様はいらっしゃいますか？」
　　（父が不在である場合）「あいにくですが父は留守です。」
　　　　　　　　　　　　「せっかくですが父は留守です。」

このように，父を訪ねて来た来客に対して父が不在であることを告げる発話であるが，「お父様はいらっしゃいますか？」との父の在不在を問う来客の問いかけに対する返事としては，本来「父は留守です。」と答えれば，言語の「通達作用―理解（知的反応）」の面からは十分な情報を来客に提示しうるのである。では，「あいにくですが」や「せっかくですが」は，一体何を表しているのであろうか。

父の不在を伝える「父は留守です。」は，そのことを発話する話し手（言語主体）にとっての対象である父についての事態（父が留守であること）を表したものであり，このような対象の側に属する意義領域を対象的意義という。それに対して，「あいにくですが」や「せっかくですが」は，対象である父側の事態についてそれを詳しくする情報を付加しておらず，表しているのは父を訪ねて来た来客に対しての話し手の慮りの気持ちである。実際，先の場面においての次のようなやりとりでも，

　　（父を訪ねて来た来客）「お父様はいらっしゃいますか？」

1. 言語主体的意義

　　（父が不在である場合）「あいにくですが……。」
　　　　　　　　　　　　　「せっかくですが……。」
　　（父を訪ねて来た来客）「そうですか。」

　来客は、「あいにくですが……。」「せっかくですが……。」との返事から「父が留守であること」を察するだけではなく、単に「父は留守です。」と直接的に不在を答えられた場合に比べて、柔らかさや相手側の慮りを感じ取ることになろう。

　では、「あいにくですが……。」と「せっかくですが……。」に表される話し手側の相手への慮りの気持ちは、具体的にはそれぞれどのように表されるのであろうか。ここで、同じ場面の次のような例文で考えると、

　　（父を訪ねて来た来客）「お父様はいらっしゃいますか？」
　　（父が不在である場合）「あいにく、父は留守です（が）。」
　　　　　　　　　　　　＊「せっかく、父は留守です（が）。」
　　　　　　　　　　　　＊「あいにくお越しくださいましたのに、父は留守です。」
　　　　　　　　　　　　「せっかくお越しくださいましたのに、父は留守です。」

＊は非文であることを表しており、これらの例文からまず言えることは、「あいにく」と「せっかく」の判断の対象が異なることである。「あいにく」は父の不在の事態についての話し手の判断であり、「せっかく」は来客の行為に対する話し手の判断である。このことは、「せっかくお越しくださいましたのに、あいにく父は留守です。」といった例文として整理されることである。そして、「あいにく」の場合の判断は、現実事態（父の不在）が、来客にとって期待していた事態とは異なる都合の悪い事態であるといった判断であり、「せっかく」の場合の判断は、来客の行為（父を訪ねて来たこと）に対してのわざわざとか努力してといった判断である。

　つまり、「あいにくですが……。」「せっかくですが……。」との返事から、来客が相手側の慮りを感じ取るのは、「あいにく」の場合には、父の不在を伝える相手が自分の側の立場（父が在宅であることを期待する立場）に立って、現実事態を判断（マイナス価値評価）してくれていることによるからであり、

「せっかく」の場合には，自分の行為（父を訪ねて来たこと）そのものに対してプラス価値評価をしてくれていることによる。このような話し手の判断・評価といった言語主体側の意義領域を言語主体的意義という。

2. 評価・注釈副詞

ところで，副詞は山田孝雄の説にもとづき，一般に情態副詞（主として用言を修飾し，その動作や状態のあり方を限定する），程度副詞（主として用言や情態副詞を修飾し，その状態の程度を限定する），陳述副詞（文末の陳述の仕方を修飾し，文末の陳述の質を予告する）に分類されるが，情態副詞と程度副詞は対象側の意義領域を表すものであり，陳述副詞は言語主体側の意義領域を表す。

同じく言語主体側の意義領域を表す「あいにく」「せっかく」と陳述副詞との差異は，陳述副詞（「もし・たぶん・けっして・どうか」など）が仮定（～なら）や推量（～だろう）・否定（～ない）・願望（～してほしい）などの文末表現が表す言語主体的意義を予告する話し手の辞的表現そのものであり，「あいにく」や「せっかく」が話し手の判断や評価を表す点である。このことは，陳述副詞を取り除いても文の基本的な意味内容に変化はないが（①），「あいにく」や「せっかく」を取り除いた場合には，話し手のマイナス価値評価やプラス価値評価の判断性が欠如して文の意味内容に変化が生じることに反映される（②，③）。

① （もし）晴れたなら，ドライブに出かけよう。
② （あいにく）雨が降ったので，ドライブは中止にした。
③ （せっかく）晴れたのに，ドライブに出かけなかった。

また，②，③の従属節の装定形式は「雨が降ったのはあいにく（のこと）だ。」「晴れたのはせっかく（のこと）だ。」といった述定形式に変換することができることから，「あいにく」「せっかく」の判断対象は後続する叙述内容となる。

このような「叙述内容の外にあって，叙述内容に対する話し手の評価や注釈などの主観的な判断を示す」副詞類は，評価・注釈副詞あるいは価値判断の副詞などとして分立されている。

3.「あいにく」の言語主体的意義

「あいにく」の言語主体的意義は、どのように記述されるのであろうか。

④　あいにくご来光を拝むことができなかった。

⑤　あいにく細かいコインがないなあ。

話し手が「あいにく」と判断する対象は、後続する叙述内容が表す現実事態であるが、その判断は話し手の内にある望み（＜ご来光を拝みたい＞＜細かいコインがあってほしい＞）を踏まえてのマイナス価値評価である。すなわち、現実事態とは反する前提をもっての現実事態に対する評価、逆に言えば前提となる望みに反する現実事態への評価を表している。この望みといった前提は、話し手自身の内部に存在するゆえに、構文上には現れないことが多いが（逆接の接続助詞に導かれる複文の従属節に顕現化することはできる）、この前提を考えずには「あいにく」の意味論的把握はなしえない。望みを前提とする傍証としては、「あいにく」の判断対象となる叙述内容には、願望や勧誘・依頼・命令・禁止などが含まれないことが挙げられる。なぜなら、願望や勧誘・依頼・命令・禁止などには話し手の望みが内在しており、それが前提の望みと矛盾をきたすためである。

⑥＊＜野球をしたくない＞あいにく野球をしたい。／あいにく野球をしないか。

⑦＊＜野球をしてほしくない＞あいにく野球をしてくれ。／あいにく野球をしなさい。

⑧＊＜野球をしてほしい＞あいにく野球をするな。

なお、次のような例文は非文とならないが、

⑨　あいにくだが、野球をしたい。／野球をしないか。／野球をしてくれ。／野球をしなさい。

この場合は、対話の相手が＜野球をしたくない＞といった望みをもっている場合であり、次のような構造として「あいにくだが」はその相手への慮り（場合によっては皮肉）を表すことになる。

⑨　（＜野球をしたくない＞君にとって野球をすることは）あいにくだが、野球をしたい。／野球をしないか。／野球をしてくれ。／野球をしなさい。

以上を整理すると、「あいにく」の言語主体的意義は次のように記述される。

現実事態にかかわる話し手や他者の望み（現実事態と反するもの）を前提として踏まえ、その前提に反する現実事態に対して、話し手の主観的判断（マイナス価値評価）を表す。

4.「せっかく」の言語主体的意義と構文構造

「せっかくお越しくださいましたのに、父は留守です。」では、「せっかく」は父を訪ねて来た相手である来客の行為に対して、わざわざとか努力してといった判断を示し、その基底には「骨を折って」「苦労して」といった意義が認められる。しかし、次の例文の場合は、そのような人為的な行為性がなく、「せっかく」は現実事態（晴れたこと）に対する話し手の「都合のよい、価値ある」ものだとの判断を示している。

⑩　せっかく晴れたのに、出かけなかった。
⑪　せっかく晴れたんだから、出かけよう。

しかも、この「晴れた」（P）に対する判断は、⑩、⑪ともに「出かけること」（Q）にとって「都合のよい、価値ある」ものだとの判断となっている。逆に言えば、Q（出かけること）が実現化することでP（晴れの現実事態）を生かすことができる関係とも言える。つまり、このPとQの関係は、Qの事態にとってPの事態が価値があるというだけではなく、QはPの事態実現にともなって実現が期待されるとともに、その実現によって逆にPの事態を生かす事態である。

このことは、次のような構文構造としてモデル化できる。

Ⅰ　せっかくPなのにQでない
Ⅱ　せっかくPだからQしよう

ちなみに、「せっかくお越しくださいましたのに、父は留守です。」の「父は留守です」も、「父は在宅しておりません」ということを表している点で、Ⅰのモデルと解することができる。

ところで、Qのあとの文末表現については、まずモデルⅠの場合は、否定だけではなく、次の例文⑫〜⑭のように、問いかけ、説明、詰問などさまざまなものをとる。

⑫　せっかく晴れたのに、出かけないの？
⑬　せっかく晴れたっていうのに、忙しくて遊びに行くどころじゃないよ。
⑭　せっかく大学に入ったのに、アルバイトばかりしているのか！

　共通していることは、＜Qない＞にそれぞれの文末表現が付加されていることである。⑭の例文にしても、「＜勉強をしないで＞アルバイトばかりしているのか！」との構造としてとらえることができる。つまり、いずれの場合もQの事態が実現していないのである。仮に、Pの事態実現にともなってその実現が期待される事態Qが実現するような文を考えようとすると非文となる。

⑮＊せっかく晴れたのに、出かけた。
⑯＊せっかく晴れたっていうのに、遊びに行った。
⑰＊せっかく大学に入ったのに、勉強をした。

　また、Pの事態は逆に実現したものなり実現が確実視されるもの（⑱）でなくてはならず、実現が不確定の事態を考えようとすると非文となる（⑲）。ただし、否定「ない」がPに含まれていても、それ全体で否定的な事態が成立していると考えられるので問題はない（⑳）。

⑱　（天気予報を見ていて）せっかく明日は晴れるのに、どこにも行かないの？
⑲＊せっかく晴れても、どこにも行かないの？
⑳　せっかく雨が降らなかったのに、昨日はどこにも出かけなかった。

　Pの事態実現にともなってその実現が期待される事態でありかつその実現化がPを生かすことにもなる事態Qが、Pが実現しているにもかかわらず実現していないということは、話し手にとってなんとも残念な悔やまれる事態と言える。その残念な思いが、相手に対する場合には、納得がいかない不可解な気持ちをともなっての問いかけ（⑫）や詰問（⑭）となり、自分自身の場合には悔しさの表出（⑬）となっている。

　次に、モデルⅡの文末表現には、意志・決意だけでなく、勧誘や命令、当為表現などがある。

㉑　せっかくお母さんが作ってくれた（る）んだから、全部いただきましょうよ。
㉒　せっかくお母さんが作ってくれた（る）んだから、全部いただきなさ

い。

㉓　せっかくお母さんが作ってくれた（る）んだから，全部いただくべきだよ。

やはりモデルⅠの場合と同様に，P（お母さんが作ってくれた／る）は実現あるいは実現が確実視される事態であって，Q（全部いただくこと）はPの事態実現にともなってその実現が期待されかつその実現化がPを生かすことにもなる事態であるが，事態Qの実現化が直接的に表出（意志）や働きかけ（勧誘，命令，当為）されている点で，モデルⅠとは異なっている。ここで，㉑〜㉓の例文から「せっかく」を除いた勧誘，命令，当為文などと比較すると，

㉔　お母さんが作ってくれた（る）んだから，全部いただきましょうよ。
㉕　お母さんが作ってくれた（る）んだから，全部いただきなさい。
㉖　お母さんが作ってくれた（る）んだから，全部いただくべきだよ。

のように，「だから」が導く従属節が，主文で勧誘，命令，当為を働きかけるにあたっての単なる理由節であるのに対して，「せっかく」をともなった㉑〜㉓の例文では，「せっかく」が「お母さんが作ってくれた（る）」という事態を価値あるものとする話し手の評価を付加し理由を強化することに加え，事態Q（全部いただくこと）が実現化しない場合には事態P（お母さんが作ってくれた（る）こと）が生かされないことになるといった意味合いが含意されている。つまり，㉑〜㉓は事態Pが生かされない事態になるのを回避しようとして，事態Pを生かすべく事態Qの実現化を図る文表現となっているのである。

以上のような「せっかく」の言語主体的意義は，渡辺実『さすが！日本語』で，次のように整理されている。

> 「せっかく」は，それ自身が話し手にとって価値あるPが実現しているのに，それに伴って実現してPの価値を完全なものにすることの期待されるQが，まだ実現せず，あるいはついに実現せずじまいとなり，Pの価値が不完全に終わることへの，惜しみの気持ち。

5.「あいにく」の構文構造

「せっかく」と「あいにく」の構文の統語的な差異は，「せっかく」の場合は

PとQの二つの事態が逆接や順接の接続助詞で接続され、かつQの事態が逆接は否定による未実現、順接は実現化を図る形であるのに対して、「あいにく」の場合は必ずしもQは必要ではなく（㉗）、PとQを逆接や順接の接続助詞で接続する場合には、逆接は事態が実現されたあるいは実現化を図る形のQ（㉘）、順接は否定による未実現事態のQ（㉙）となる点にある。

㉗　あいにく雨ですね。(cf「＊せっかく晴れですね。」)
㉘　あいにく雨が降っていますが、試合を開始し（ました／ます／ましょうよ／してください／しなさい）。
㉙　あいにく雨が降っているので、試合は開始できません。

なぜなら、「あいにく」は逆接や順接がつなぐPとQの関係に関与しないで、反Pの事態を望む前提を踏まえての事態Pに対する評価・注釈を表しているからである。注目すべきは、その前提によって判断対象が異なるということである。たとえば、㉘の前提は＜雨が降らないでほしい＞といった望みであり、事態Qを判断対象としないが、＜雨の場合は試合を開始しないでほしい＞といった前提を踏まえている場合には、Qあるいは「PのでQ」全体を判断対象とすることになる。

㉘a　＜雨が降らないでほしい＞あいにく雨が降っていますが、試合を開始しました。
　b　＜雨の場合は試合を開始しないでほしい＞雨が降っていますが、あいにく試合を開始しました。
　c　＜雨の場合は試合を開始しないでほしい＞あいにく、雨が降っていますが試合を開始しました。

6. 副用語の自用語化

章名の例文「せっかくですが父は留守です（在宅しておりません）。」を再考すると、「せっかくだが、Qではない」といったように、モデルIのP（お越しいただきました）がない形としてとらえることができるが、このことに関して、渡辺実（前掲）で、Pは消えているのではなく「せっかく」の中に吸収され隠れて存在している（このことを渡辺は、「副用語の自用語化」と称している）、それゆえにQ（父が在宅していること）はその延長線上に見越される事

態でありうるのであり，そのQが実現しないことへの惜しみが，文全体として表現されているとの見解が示されている。

このような「副用語の自用語化」は，モデルⅡにもある（㉚）ほかに，連体修飾の構文モデルⅢ，Ⅳも同様のものとして考えることができる。

㉚　せっかく（手間暇をかけて作ってくださったの）ですから，全部いただきます。

Ⅲ　せっかくのNなのにQでない

Ⅳ　せっかくのNだからQしよう

モデルⅢ，Ⅳの例文としては，次のようなものを考えることができるが，

㉛　せっかくの料理なのに，全く手をつけていない。

㉜　せっかくの料理ですから，全部いただきます。

これらの例文の場合も，たとえば「手間暇をかけて作ってくださった（料理）」などのPの吸収があると言える。そしてこの「せっかく」が，「手間暇をかけて作ってくださった（料理）」といった概念をもつとともに，連体助詞「の」を介して体言修飾をなすという名詞相当の振る舞いをしていることは，まさしく「副用語の自用語化」である。

ちなみに，「あいにく」にも「副用語の自用語化」がみられる。

㉝　あいにくの雨ですが，予定通りハイキングに出かけましょう。

㉞　あいにくの天気ですね。

前述の通り，「あいにく」は「現実事態とは反する前提をもっての現実事態に対する評価，逆に言えば前提となる望みに反する現実事態への評価」を表しており，㉝の場合には＜ハイキングに出かけたいので雨は降らないでほしい＞といった前提が考えられるが，その前提が「＜ハイキングに出かけたいので雨は降らないでほしい＞と望んでいるのに降った（雨）」との概念として「あいにく」の中に凝縮されて名詞化し，「雨」を連体修飾することになっている。㉞の場合は，話し手あるいは相手がどのような天気を望んでいるのかといったことによって「あいにく」の概念性が異なることになるが，それは場面に依存した語用論の問題であり，基本的には話し手や相手といった当事者の望みに反する事態が「あいにく」の概念を決定するのである。「あいにくの天気」の「天気」は，当事者が雨が降らないことを望んでいた場合には雨の状態が，

当事者が雨を望んでいた場合には雨が降っていない状態が概念化されることになる。

　このように考えると，章名の例文「あいにくですが父は留守です。」の「あいにくですが」についても，単に「留守です」に対する判断と考えるだけではなく，自用語化の視点でとらえる必要があるが，この問題を考えるにあたっては，「あいにく」と「あいにくですが」との差異を問うことが有用である。

㉟ a　あいにくですが父は留守です。
　　b　あいにく父は留守です。

㉟ bは，述定形が「父が留守であることはあいにくだ。」となることから，「父は留守です」を「あいにく」の判断対象とみることができる。一方，㉟ aの「あいにくですが」が「だが」といった断定を含む接続形式をとっていることを考えれば，断定の「だ」の受け止め方を，「父が留守であることはあいにくだが」といった述定形よりも，「(これから述べることは) あいにくなことですが，父は留守です。」といった形として考える方が自然な言語感覚ではなかろうか。つまり，「あいにくなこと」といった連体修飾構造をとることで「相手の望みに反すること」が概念化され，それが「が」で後続内容と接続されることによって，後続内容を述べるにあたっての予告的なことわり・前置きとして機能すると理解されよう。もっとも，「あいにく」の場合でも，その発話を聞いた相手が後に述べられることが望みに反する事態内容であることを察することができる点では，やはり予告的といえる。しかし，「あいにく」は後続内容に対する話し手の直接的な判断を示しているのに対して，「あいにくですが」は後続内容を述べるにあたってのことわり・前置きとなっている点で，「です」の使用とも相まって，より相手に配慮した表現といえる。

■発展問題

(1) 言語主体的意義を表す副詞類について，次の問1, 2の問題を考えてみよう。
　問1　「あいにく」と同じく評価・注釈副詞に分類できる副詞類には，どのようなものがあるか考えてみよう。
　問2　評価・注釈副詞とは区別される「おそらく，きっと，たしかに，たぶん，とうぜん，どうか，どうせ，どうぞ，どうも，どうやら，なるほど，まさ

か，まさに，もちろん，やはり」などの副詞類について，意味機能と共起する文タイプを調べてグループ分けしてみよう。

(2) 評価・注釈副詞は，形態的には連用形型（「あいにく」），モ型（「さいわい（にも）」＜モの付加は義務的でない＞，「不思議にも」＜モの付加が義務的＞），コトニ型（「残念なことに」）があるが，そのことはどう説明できるか考えてみよう。また，通時的にそれらの変遷を調べてみよう。

(3) 次のa～fのような例文の「せっかく」については，どう説明すればよいか考えてみよう。
  a　せっかく教えてやったのにね。
  b　せっかく入部してやったのに，補欠かよ。
  c　せっかく皆に集まってもらったけど，時間の無駄だったんじゃないの。
  d　せっかく試合に出場させてやるんだから，がんばれよ。
  e　せっかくの好意を受けなかった。
  f　せっかくのチャンスなんだからな。

(4) 「さすが」について，構文構造のモデルを踏まえたうえで言語主体的意義を考えてみよう。また，古典語についても調べてみよう。

(5) 「やはり」について，例文を作例だけではなく本や新聞などから集めたり，対話例を集めたりしたうえで，言語主体的意義を考えてみよう。

(6) 「ついに，とうとう，やっと，ようやく」や「まだ，もう」などは事態成立の時間的な側面にかかわる対象的意義を表すのであろうか，それとも言語主体的意義を表すのであろうか。言語主体的意義が表されているとすれば，それぞれの言語主体的意義はどう説明できるか考えてみよう。

■参考文献

1) 赤羽根義章「『注釈的成分』の位置づけと下位分類」『国文学　言語と文芸』100号（大塚国語国文学会，1986）
2) 赤羽根義章「『生起相修飾成分』の分類試論—生起に関わる時間量が小さい類—」『国文学　言語と文芸』109号（国文学言語と文芸の会，1993）

3) 石神照雄「時間に関する〈程度副詞〉『マダ』『モウ』—〈副成分設定の一試論〉—」『国語学研究』18号（東北大学文学部国語学研究刊行会，1978）
4) 石神照雄「様相副詞『セッカク』と構文構造」『信州大学教養部紀要 人文科学』16号（信州大学教養部，1982）
5) 川口 良「副詞『やっぱり（やはり）』の取り立て機能について」『国文』83号（お茶の水女子大学国語国文学会，1995）
6) 北原保雄「修飾成分の種類」『国語学』103号（国語学会，1975）
7) 北原保雄「注釈修飾成分と表現」（初出『日本語学習与研究』48号（中国対外経済貿易大学，1988）採録『表現文法の方法』（大修館書店，1996）
8) 工藤 浩「叙法副詞の意味と機能—その記述方法をもとめて—」『国立国語研究所報告71（研究報告集 3）』（秀英出版，1982）
9) 工藤 浩「評価成分をめぐって」『日本語文法—体系と方法—』（ひつじ書房，1997）
10) 近藤和文「『やはり』の意味機能—発話解釈におけるその手続き的側面をめぐって—」『上越教育大学国語研究』12号（上越教育大学国語教育学会，1998）
11) 澤田治美「日英語文副詞類の対照言語学的研究—Speech act理論の視点から」『言語研究』74号（日本言語学会，1978）
12) 中右 実「文副詞の比較」『日英語比較講座2 文法』（大修館書店，1980）
13) 西川真理子「日本語の評価的文副詞についての一考察—『も型』から『こと型』へ—」『甲子園大学紀要 栄養学部編』24号(A)（甲子園大学栄養学部，1997）
14) 蓮沼昭子「副詞の語法と社会通念—『せっかく』と『さすが』を例として—」『言語学の視界』（大学書林，1987）
15) 森田良行『基礎日本語辞典』（角川書店，1989）
16) 森本順子『話し手の主観を表す副詞について』（くろしお出版，1994）
17) 渡辺 実『国語構文論』（塙書房，1971）
18) 渡辺 実「見越しの評価『せっかく』をめぐって」『月刊言語』9巻2号（大修館書店，1980）
19) 渡辺 実「難語『さすが』の共時態と通時態」『上智大学国文学科紀要』14号（上智大学国文学科，1997）
20) 渡辺 実『さすが！日本語』（筑摩書房，2001）

第13章 「彼は大男だ。ところが気は小さいかもしれない。」はなぜ不自然なのか？

【語論Ⅲ，接続詞—逆接】

キーワード：逆接,「ところが」,「しかし」, 文末ムード形式制約, 話者関与性, 反予想, 非予想, 転換用法

1. 後件の文末ムード形式制約

章名の例文の「ところが」がつなぐ前件の事態（彼が大男であること）と後件の事態（彼は気が小さいこと）との関係は，その間に前件から導かれる推論過程（彼は気が大きいと推論される）を介し，後件がそのような前件からの順当な展開になっていないといった逆接関係である。ではなぜ，逆接の接続詞の一つである「ところが」が不自然になるのだろうか。ちなみに，同じ逆接の接続詞である「しかし」の場合は自然である。

① a＊彼は大男だ。ところが気は小さいかもしれない。
　 b　彼は大男だ。しかし気は小さいかもしれない。

しかし，次のような例文では「ところが」を用いても自然な文となる。

② a　彼は大男だった。ところが気が小さかった。
　 b　彼は大男だった。しかし気が小さかった。

①と②の例文の差異は，「彼は気が小さい」という後件の事態が，①では推量判断するもの，すなわち未確定事態として述べられているのに対して，②では実現し確定したものとして述べられている点にある。このことは，次の例文でも同様に考えることができる。

③ a　誰もが成功すると思っていた。ところが，思わぬ事故が起こった。
　 b　誰もが成功すると思っていた。しかし，思わぬ事故が起こった。

④ a＊誰もが成功すると思っている。ところが，そうはうまく事は運ばないだろう。

b　誰もが成功すると思っている。しかし，そうはうまく事は運ばないだろう。

　③と④の前件と後件はともに時間軸に沿った継起的な事態であるが，③は前件と後件が確定事態であり，④の後件は未来において生起が推量される未確定事態である。

　ところで，「ところが」を用いることができない①と④の後件の文末表現に着目すると，ともに推量や判断を表す認識のムード形式といった共通点がある。ほかの認識のムード形式の場合はどうであろうか。

⑤a　彼は柔道三段の猛者です。しかし，気が小さいので肝試しは怖がる（でしょう／かもしれません／にちがいありません／はずです）。
　b＊彼は柔道三段の猛者です。ところが，気が小さいので肝試しは怖がる（でしょう／かもしれません／にちがいありません／はずです）。

　やはり，「しかし」は自然で「ところが」は不自然となる。それでは，認識以外のムード形式についてはどうであろうか。

⑥a　相手は強敵なので勝算は少ない。しかし，勝敗は別としてベストを尽く（そう／すつもりだ／したい）。
　b＊相手は強敵なので勝算は少ない。ところが，勝敗は別としてベストを尽く（そう／すつもりだ／したい）。
⑦a　相手は優勝候補です。しかし，勝敗は別としてベストを尽く（してください／しなさい／しましょう）。
　b＊相手は優勝候補です。ところが，勝敗は別としてベストを尽く（してください／しなさい／しましょう）。
⑧a　君の決断は間違っていない。しかし，それで本当に後悔はありませんか？
　b＊君の決断は間違っていない。ところが，それで本当に後悔はありませんか？

　⑥は意志や願望の表出のムード形式，⑦は依頼・命令・勧誘などの働きかけのムード形式，⑧は問いかけのムード形式をとっているが，いずれの場合も「しかし」とは共起するが「ところが」とは共起することができない。つまり，認識のムード形式や表出のムード形式，働きかけのムード形式，問いかけ

のムード形式などの制約を受けるか受けないかで,「しかし」と「ところが」は二分されるのである。

このことは,北野浩章「『しかし』と『ところが』―日本語の逆接系接続詞に関する一考察」(『言語学研究』8号)では,話者が命題を構成するための情報をどのようにして手に入れたかということに関する概念,つまり命題に含まれる情報に対する責任を話者がどの程度負っているかを示す概念を「話者関与性」として立て,「ところが」が結び付ける後件は,その話者関与性が低いものでなければならないとまとめられている。

2.「ところが」の意味用法

では,後件の文末ムード形式制約がある「ところが」の意味用法はどのようなものなのだろうか。ことばの意味・用法の詳細な分析を先駆的に行った『基礎日本語辞典』の記述をみてみると,「ところが」の意味用法は次の二点にまとめることができる。

1) 前の文の内容から聞き手が当然想像する方向と大幅に違うことを持ち出すときに用いる(「〜と思うだろうが,実際には予想や期待に反して〜なのだ／〜となると考えるだろうが,実際は〜になった。」の意)。
   (⑨ 時間になったので家を出た。ところが,会議に間に合わなかった。)
2) 前の文の内容とは直接矛盾関係を持たない,予想を超える事態を新たに持ち出すとき(予想外の状況提示)にも用いる。
   (⑩ 時間になったので家を出た。ところが,私の留守中に友達が訪ねて来たらしい。)

例文⑨の後件は,前件の事態実現との継起的な時間関係の中で,前件の内容から聞き手が当然想像する方向と大幅に違った／反する事態の実現を表したもの(「時間になったところで家を出たので,当然会議には間に合うと思うだろうが,実際には間に合わなかった。」)であるが,例文⑩の場合は,「前の文の内容とは直接矛盾関係を持たない,予想を越える事態を新たに持ち出す」と記述される通り,後件「私の留守中に友達が訪ねて来たらしい」は,「時間になったので家を出た」といった前件の内容から直接的に予想や期待される範囲の事態ではない。ここで,前件と後件をそれぞれPとQで表すとすると,aの

用法の場合は，前件と後件とは，その間に反後件事態の実現を推論する過程（$\bar{Q}$）を含む逆接関係であるのに対して，bの用法の場合は，そのような推論過程を含む逆接関係をなしていないことが確認される。aについての「聞き手が当然想像する方向と大幅に違う」「実際には予想や期待に反して」と，bについての「予想を越える事態」との記述の差異は，実はこのような差異を指摘するものと理解すべきものと言えよう。記号化すると，aの用法は「P（→$\bar{Q}$）トコロガQ」，bの用法は「PトコロガQ」と表せることになる。

ただ，ここで確認しておくべきことは，bの用法の場合も，前件と後件の間には，後件は前件から全く予想だにしなかった事態実現といった形での，「非予想」の関係があることである（aの「反予想」の関係に対して）。つまり，「非予想」とは言っても，前件と後件との間には同じ範疇に属するといった有縁性があるということである。例文⑩で考えると，その前件と後件の事態同士には，「時間になったので家を出た。そうしたところ，私の留守中に友達が訪ねて来たらしい。」のような関係性が認められる。前件と後件との事態間に，同じ範疇に属するといった有縁性が認めがたい次の例文は，非文となる。

⑪＊巨人が優勝した。ところが，雨が降った。

もっとも，⑩の例文を解釈する場合，果たして「非予想」のb用法が固定的であるのかというと，次のような状況設定はありうることである。

⑫ （留守中に客は来ることはないと思い）時間になったので家を出た。ところが，私の留守中に友達が訪ねて来たらしい。

この⑫の前件と後件との関係は，「P（$\bar{Q}$）トコロガQ」といったように，前件Pの中に反後件（$\bar{Q}$）が話し手の予想として内包された形，逆に考えれば，後件Qが前件Pの実現事態に内包される話し手の予想と反する形をとっている。つまり，前件と後件とは，その間に反後件事態の実現を予想する過程を含む逆接関係である点で，aの用法であり，aとbの境界は，語用論的な条件と言える。ただそうは言っても，「反予想」と「非予想」とを分けることは，前件と後件との「落差」を表す「ところが」の接続の有り様（「反予想」のみならず，予想だにしなかった「非予想」の後件をもつなぐといった）を考えるうえで，意義のあることである。

また，⑫の例文と，「P（→$\bar{Q}$）トコロガQ」と構造化できる⑨との違いに

は，前件から反後件事態（Q̄）を予想・期待する主体が，聞き手であるのか話し手自身なのかといった差異があった。しかし，⑨の例文を「（会議の時間に間に合うと思われる範囲での）時間に家を出たので，当然会議に間に合うと思ったが，実際には会議に間に合わなかった。」と，話し手の予想・期待の過程を含んだ例文として解釈することも可能である。つまり，aの「前の文の内容から聞き手が当然想像する方向と大幅に違うことを持ち出す時に用いる」とある，想像（予想・期待）の主体についての聞き手限定は，はずす必要がある。

しかしながらまた，予想・期待の主体を分けることは，情報の伝達論の面で考察すべき問題を提出することになる。

⑬ 後半残り5分まで全日本はリードを保っていた。ところが，終了間際に逆転されてしまった。

この例文は，後件を前件とは甚だしく異なる事態として位置づける「落差の接続」としてとらえることができるが，その予想・期待の主体が話し手自身の場合と聞き手の場合とがある。前者の場合は，前件の事態から当然帰結（予想・期待）されるような展開がなされなかったことへの意外さ・驚き・不都合・無念さ・非難などのニュアンスをもって，前件の事態とは異なる客観的な事態を後件に結び付けるもの（⑭）となり，後者の場合は，その予想・期待外の後件の事態実現を知った聞き手は，結果としてそのことを意外さや驚きなどをもって受け止めることにはなるが，その後件自体にそのようなニュアンスがあるわけではない（⑮）。

⑭ 後半残り5分まで全日本はリードを保っていた。（→ 逆転されることなく，全日本は勝利するだろう，してほしい。）ところが，（「驚いた，残念だ，悔しい，何してんだと言いたい」ことに）終了間際に逆転されてしまった。

⑮ 後半残り5分まで全日本はリードを保っていた。（→ ＜聞き手＞逆転されることなく，全日本は勝利するだろう。）ところが，終了間際に逆転されてしまった。（→「＜聞き手＞驚いた」）

このことに関して，浜田麻里「トコロガとシカシ・デモなど―逆接接続詞の談話における機能―」（『日本語類義表現の文法（下）複文・連文編』）の「トコロガにおけるPとQは，単にQが聞き手にとって予想外の情報であるばか

りでなく，話し手がPとQの対比を十分承知したうえでQを提示するという意図性にその意味的効果の来現がある」との指摘は示唆的であり，そのことは，「トコロガQ」という発話をする話し手が，相手にPという発話をするよう誘導する例文⑯に典型的にうかがえることである。

⑯　A：「後半残り5分まで全日本はリードを保っていたんだ。だから，君も，逆転されることなく，全日本は勝利したと思うだろう。」
　　B：「ええ，そう思うよ。」
　　A：「ところが，終了間際に逆転されてしまったん（だよ／だぜ）。」

「終了間際に逆転されてしまった」といった後件の事態は，聞き手にとっては前件の内容からは予想されえないものとしてあることが顕在化しており，後件は文末の「だよ／だぜ」と相まって，相手がさぞ信じられないこと・驚くことだろうこととして誇示的に提示するニュアンスがある。

ところで，後件文末の「だよ／だぜ」は，第1節で述べた後件のモダリティ制約に反する点で，注目する必要がある。このことは，浜田麻里（前掲）の次の例文も同様である。

⑰　君はエゴイストだ，人の面倒を見るタイプじゃない，と思っていた。ところが，君，評判いいっていうじゃない。

この場合，単に事実としての確定事態を叙述する場合（⑱）と比べると，前件と後件により落差を感じる。この落差感は，話し手が「～じゃない」によって，意外さ・驚きを直接的に表出したことで，支えられていると理解できる。

⑱　君はエゴイストだ，人の面倒を見るタイプじゃない，と思っていた。ところが，君は，評判がいい。

北野浩章（前掲）では，「ところが」は＜話者関与性＞が強い後件をとれないとされるが，「だよ／だぜ」「～じゃない（か）」は話者関与性が低いとは言えない。前件との関係において，後件を相手がさぞ信じられないこと・驚くだろうこととして誇示的に提示したり，あるいは話し手自身の意外な・信じられない思いを表出する，といったレベルでの話者関与性においては，「ところが」はモダリティ制約を受けないといえる。

3.「しかし」の意味用法

第1節では，後件の文末ムード形式制約をみたが，前件にも着目してみよう。

⑲ a　おそらく午後から山間部は大雪になるだろう。しかし，登山隊は予定通り出発した。

　 b＊おそらく午後から山間部は大雪になるだろう。ところが，登山隊は予定通り出発した。

⑳ a　今日は一気に登頂を果た（そう／したい）。しかし，天候は不安定だ。

　 b＊今日は一気に登頂を果た（そう／したい）。ところが，天候は不安定だ。

㉑ a　あの子は子供じゃないんだから放ってお（こう／いてやれ／け）。しかし，そうは言っても俺にも親としての心配はあるけどな。

　 b＊あの子は子供じゃないんだから放ってお（こう／いてやれ／け）。ところが，そうは言っても俺にも親としての心配はあるけどな。

⑲の前件は認識のムード形式，⑳は表出のムード形式，㉑は働きかけのムード形式であるが，いずれの場合も「しかし」は用いることができるが，「ところが」は用いることができない。ただし，後件の事態が前件からの順当な展開になっていない逆接関係の例文は⑲のみで，例文⑳では事態実現を意図したり望んだりする前件に対して後件はその事態実現の障害の提示，例文㉑では事態実現を相手に働きかける前件に対して後件はその働きかけに付随する状況の補足的な説明となっている。つまり，例文⑳，㉑の「しかし」の意味用法は，前件と後件のモダリティ性の相関に着目しながら後件の前件に対する関係をとらえることから帰納されたことになる。そこで，前件と後件のモダリティ性の相関から「しかし」の接続の有り様を考えるべく，次の例文を挙げる。

㉒ a　午後から山間部は大雪になる（だろう／そうだ）。しかし，予定通り登山に出発（するだろう／しよう，したい／しましょう，しなさい）。

　 b　登山隊は予定通り出発する（だろう／そうだ）。しかし，午後から山間部は大雪になる（だろう／そうだ）。

　 c　午前中は晴天（だろう／だそうだ）。しかし，午後は天気が崩れる（だろう／そうだ）。

3.「しかし」の意味用法

㉓ a 今年は絶対に留学し（よう／たい）。しかし，両親は反対するだろう。
　b 今年は絶対に留学し（よう／たい）。しかし，留年は避け（よう／たい）。
　c これから買い物に行（こう／きたい）。しかし，あなたは留守番してください。

㉔ a 今から京都へ出張しなさい。しかし，関ヶ原は雪になる（でしょう／そうだよ）。
　b 早く仕事を仕上げなさい。しかし，丁寧に仕上げなさい。
　c 今回は彼も誘（いましょう／ってください）。しかし，次回は二人だけで行きましょう。

　例文㉒は前件に推量や伝聞といった認識のムード形式をとるものであり，㉒aの後件は前件の推量や伝聞された事態からは一般的には想定されない事態の実現を推量したり，図ったり望んだり，あるいは働きかけるものであるが，いずれも後件の事態が前件から順当に展開するものとならない逆接関係の接続である。それに対して，㉒bの後件は前件の推量や伝聞された事態にとって障害となる事態を推量したり聞いたものとして提示するものであり，㉒cはともに推量や伝聞される前件と後件の事態が対比的な関係をなしている。

　例文㉓は前件が意志や願望といった表出のムード形式の場合であり，㉓aではその実現を意図したり望んだりする前件の事態にとって障害となると推量される事態が後件に提示され，㉓bでは前件の事態実現を意図したり望んだりするにあたっての付帯的な条件となる事態の実現が意志や願望として後件に表出され，㉓cでは事態実現を意図したり望んだりする前件に付随する補足を相手に働きかける後件となっている。

　例文㉔は前件が勧誘や依頼・命令といった働きかけのムード形式をとるものであり，㉔aはその実現を働きかける前件の事態にとって障害となると推量されたり聞いたりした事態を後件に情報提供するもの，㉔bは前件で事態実現を働きかけるにあたっての付帯的な条件を注意の形で後件に示すもの，㉔cは前件と後件が対比関係というよりは後件が前件のバーター条件の働きかけとみることができるものとなっている。

　これら前件に対する障害の提示や付帯的な条件の提示，付随する状況の補足

的説明や働きかけ，バーター条件，対比を表す後件は，前件の間接的な否定の提示あるいは前件にかかわる注目すべき局面の提示として働いているが，その提示のあり方は「PそれはそうだがQ」といったものである。つまり，「しかし」は「事態の実現を推量したり意図したり望んだり働きかけたりする前件は真であるが，後件の局面もまた真である，注目せよ」といったことを表しているのである。そして，このように「しかし」の機能を「前件を一旦切り離し，前件にかかわる別の局面を後件に提示する」ととらえることで，例文㉕のような「前に発話した内容（それまでの話題）を続けることを拒否し，別の話題に注目させようとすることを表示する」転換用法との統一的な説明がなされることになるのである。

㉕ a　どうもお待たせいたしました。しかし，今日は暑いですね。
　b　A：「ねえ，言いたいことがあるならはっきり言ってよ。」
　　　B：「しかし（なんだね），さっき観た映画はよかったね。」
　　　A：「話をはぐらかさないでよ。」

■ 発展問題

(1) 認識のムード形式には「だろう，かもしれない，にちがいない，はずだ」のほかにも，「ようだ，みたいだ，らしい，そうだ」などがあるが，「ところが」と「しかし」がこれらを後件の文末表現にとることができるかどうかを調べてみよう。

(2) 逆接系接続語「が，けれども，だが，だけど，だけれども，しかるに，それが，そうするけれども，それなのに，それにもかかわらず，でも」などについて，次の問1, 2の問題を考えてみよう。
　問1　後件の文末ムード形式制約を調べてみよう。
　問2　指示語や断定の助動詞が含まれるものが多い点に着目して，それぞれどのような前件と後件をどのようにつなぐのかを考えてみよう。

(3) 「しかし」の転換用法について，「さて，ところで，ときに」などの接続詞の機能との差異を考えてみよう。

(4) 口語性の強い「でも」について，対話や談話における機能を考えてみよう。

(5) 文学作品や評論を対象として，次の問1，2の問題を考えてみよう。
問1　芥川龍之介の作品には逆接系接続語が多く使用されていると指摘されるが，どのような逆接系接続語が，どの作品のどのようなところに（地の文か会話文か），どのような表現性をもって使用されているか調べてみよう。
問2　芥川作品以外の文学作品さらには評論で逆接系接続語の使用が目立つものを探し，その使用状況を調べたうえで，表現論的に指摘できる特徴を考えてみよう。

■ 参考文献

1) 赤羽根義章「芥川作品の逆接系接続詞」『石井文夫教授退官記念論文集』（石井文夫教授退官記念論文集刊行会，1997）
2) 赤羽根義章「接続助詞の形態と対応する接続語─『けれども，そうするけれども，だけれども』『が，そうするが，だが』『それが』─」『宇都宮大学教育学部紀要』51号（宇都宮大学教育学部，2001）
3) 赤羽根義章「逆接の接続形式『ところが』」『宇大国語論究』12号（宇都宮大学国語教育学会，2001）
4) 石黒　圭「逆接の基本的性格と表現価値」『国語学』198号（国語学会，1999）
5) 岩澤治美「逆接の接続詞の用法」『日本語教育』56号（日本語教育学会，1985）
6) 川口容子「接続表現の機能に関する一考察─ディスコースマーカー「but」,「でも」の標するもの─」『日本女子大学紀要　文学部』41号（日本女子大学文学部，1991）
7) 北野浩章「『しかし』と『ところが』─日本語の逆接系接続詞に関する一考察」『言語学研究』8号（京都大学言語学研究会，1989）
8) 甲田直美「情報把握からみた日本語の接続詞」『日本語学』13巻10号（明治書院，1994）
9) 佐竹久仁子「『逆接』の接続詞の意味と用法」『論集日本語研究（一）現代編』（明治書院，1986）
10) 浜田麻里「トコロガとシカシ：逆接接続語と談話の類型」『世界の日本語教育 5』（凡人社，1995）
11) 浜田麻里「トコロガとシカシ・デモなど─逆接接続詞の談話における機能─」『日本語類義表現の文法（下）複文・連文編』（くろしお出版，1995）
12) 森田良行『基礎日本語辞典』（角川書店，1989）
13) 渡辺　学「ケレドモ類とシカシ類─逆接の接続助詞と接続詞─」『日本語類義表現の文法（下）複文・連文編』（くろしお出版，1995）

第14章 「これが都鳥だ。」の「が」は格助詞か？

【辞論Ⅰ，格助詞・係助詞】

キーワード：古典語文法・現代語文法，格助詞・係助詞，動詞文・形容詞文・形容動詞文・存在詞文・名詞文，現象文・転位文，提題・対比・強調

1. 「これなむ都鳥」の「なむ」と「これが都鳥だ。」の「が」について＝古典語文法と現代語文法の不整合性＝

『伊勢物語』九段「東下（あづまくだ）り」の最終節は次のようになっている。

　京には見えぬ鳥なれば，みな人見しらず。渡守（わたしもり）に問ひければ，
「これ<u>なむ</u>都鳥」
といふを聞きて，
　　　名にしおはばいざ言問（ことと）はむみやこどりわが思ふ人はありやなしやと
とよめりければ，船こぞりて泣きにけり。

下線を施した「なむ」は係助詞であることは疑いようがない。ところで，「これなむ都鳥」を現代語に訳してみると，「これが都鳥だ。」ということになろう。この現代語訳に現れる助詞「が」は，常識的には格助詞とされるが，果たして本当に格助詞なのであろうか。文構造を全く等しくしていながら，一方が係助詞で，一方が格助詞という扱いは正しいのであろうか。

筆者は，「これが都鳥だ。」のような文，いわゆる名詞文に現れる「が」は係助詞と考える。そうみなすことが，古典語文法と現代語文法の不整合性を糺（ただ）すことにつながると考えるからである。以下，そう考える理由について述べることにする。

2. 格助詞ガと係助詞ハの研究史

　日本語の代表的助詞「ハ」と「ガ」(以下, 係助詞「は」及び格助詞「が」を表す場合, 用例以外では「ハ」「ガ」のようにカタカナ表記にする。)について,「鳥は飛ぶ。」の「は」は係助詞,「鳥が飛ぶ」の「が」は格助詞と明快に峻別したのは山田孝雄であった。

　格助詞として定位された「が」について, 対象語格としての用法を認めたのは時枝誠記である。以後, 国語学界は, これらを前提として学説を展開させてきたのであるが, ガに限定していえば, 松村明・三上章・大野晋・久野暲・寺村秀夫らの優れた業績はあるものの, 山田・時枝が切り開いた地平を一歩も押し進めることなく, うち過ごされてきていると判断される。

　日本語の文を述語の中核となる語の品詞によって分類すると次のようになる。

　A　鳥が　　飛ぶ。　　　　（動詞文）
　B　鳥が　　恋しい。　　　（形容詞文）
　C　鳥が　　好きだ。　　　（形容動詞文）
　D　鳥が　　いる。　　　　（存在詞文）
　E　鳥が　　ペットだ。　　（名詞文）

　これらのうち, 山田はAの動詞文を主たる考察対象として, ガとハの相違を考察し, 右に述べたような結論に達している。

　また, 時枝誠記は, B及びCの形容詞文・形容動詞文を主たる考察対象として, 格助詞「を」に置き換えうる「が」を対象格を表す「が」と名付け, 主格を表す「が」と区別する説を立てている。

　単純化して要点だけを述べれば, 主たる考察対象の文種をどれにするかによって, 助詞「が」の性質が明確化されてきたのである。とすると, 名詞文を主たる考察対象とすれば, 「が」の新たな側面がみえてくるに違いない。

　ところで, Eの名詞文については, 「鳥はペットだ。」などとの比較考察を中心とした松下大三郎の学説, いわゆるハとガの相違を考察する談話分析的意味考察や旧情報・新情報を論ずる情報論的考察に終始し, 文法的考察は十分自覚的にはなされていない。

　具体的に言えば, 松村明らの「初出のガ」(談話分析的研究), 「不定詞と

ガ・ハ」「従属節のガ」（純粋文法的研究）や大野晋の「旧情報のハ」「新情報のガ」の説，久野暲の「総記」と「中立叙述」とにガを二分する説などがある。しかし，これらは，どちらかと言えば談話分析的意味研究であり，一文内部での「が」の機能を考察するという純粋に文法的な研究とはなっていない。

　松下の学説は，ハとガという語の問題から，「有題文」と「無題文」とに二分する文の分類の問題へと発展するのであるが，ハとガの相違という面に主眼が置かれ，類似点には全く言及していないことが惜しまれる。

　本章の目的は，これまで，動詞文・形容詞文・形容動詞文・存在詞文のガと同一のものとみなされて，吟味されることがなかった名詞文の「が」を主たる考察対象として，一文内部での機能がどのようなものであるのかを明らかにし，「が」には，主格助詞・対象格助詞のほかに係助詞としての機能があることを述べることにある。

　実は，このような主張を，拙著『日本語はどんな言語か』（ちくま新書，1994年10月初版）・『現代日本語文法入門』（ちくま学芸文庫，1997年6月初版）ですでに公にしているのであるが，これらの書物を書いた段階では，名詞文の「が」を「副助詞」とするか「係助詞」とするか迷った末，「副助詞」としている。本稿において，「係助詞」と改めたことをおことわりしておく。

3. 格助詞の定義などについて

　まず，格助詞について，学界の通説と考えられている説・定義などを検討することから始める。

　a『国語学大辞典』（1980年9月，青木伶子）
　　体言または体言に準ずるものに付いて，それが<u>文中の他の語</u>に対して如何なる関係に立つかを純粋に示す助詞である（純粋に，とはそれ以下でもそれ以上でもない，の意）が，既に格助詞的機能を有する語に下接して，その機能を確認明確化することもある。（二重下線は筆者，以下同じ）
　b『国語学研究事典』（1977年11月，青木伶子）
　　体言または体言に準ずるものに付いて，それが<u>文中の他の語</u>に対して如何なる関係に立つかを示す助詞であると言われるが，これを構文論的観点か

ら表現するならば，活用がないために文において展叙機能を与える助詞，と言うことができる。

c『日本語教育事典』(1982年5月，仁田義雄)
体言，及び，体言に準ずる語詞に付いて，それに文の構成へと働くシンタグマチックな関係を付与する。これは，大きく用言（名詞述語をも含む）に係っていくところの連用格助詞と，体言類に係っていくところの連体格助詞（準副体助詞とも）に別れる。

d『日本文法大辞典』(1971年10月，山口明穂)
助詞の一類。体言または体言に準ずる語につき，それが文の成分としてどのような働きをするか，また，文中の他の語に対して，どのような関係に立つかを示す助詞。たとえば，「魚　食べる」という語句において，「魚」の下に「が」がはいるか「を」がはいるかによって，「魚」の語の「食べる」に対する関係が全くかわってしまう。言い換えれば，「が」や「を」によって，「魚」の「食べる」に対する関係が決定されるのである。このような機能を果たすのが格助詞である。

　aとbは青木伶子のものである。「文中の他の語」の中に名詞文の名詞述語が含められるのか否かは不明である。示された例文は，「の」の例を除くと，動詞文か形容詞文であり，名詞文の例はない。
　また，bにある「展叙機能を与える助詞」という把握方法は，格助詞が事柄構成に関係する助詞ということを意味する。このことから考えると青木は名詞文の「が」を念頭に置いていなかったように見受けられる。
　なお，青木は『現代語助詞「は」の構文的研究』，「格助詞の範囲―「目標格」をめぐって―」(『成蹊人文研究』2号)などにおいて，「の」を格助詞から除き，いわゆる連用格助詞に限定し，格助詞は，体言と用言との意味的関係を示すものという扱いをしている。
　cは仁田義雄の文章である。二重下線部で明示されているように，仁田は名詞文の「が」を格助詞と認定している。
　（　）を付して注記のようにしている。このような表現をした真意はわからないが，あるいは，名詞述語であるから，連体用法なのではないかという，品

詞論的観点からの質問に対する先取り的回答を行ったものだろうか。曖昧ではあるが，この部分があるため，筆者の問いかけに最も明快に答えてくれているのはcということになる。

ところで仁田は「日本語の格を求めて」(『日本語の格をめぐって』) において，「格」について詳細に考察している。

> 動詞にあらかじめ<u>自らの生起を指定されている名詞句</u>の，動詞ならびに他の名詞句に対する類的な関係的意味のあり方 (同書，2頁)

これが仁田の「格」に関する考えである。とすると，cのように書きながらも，格助詞の中心は連用格助詞であると考えていると推測される。

確かに，「鳥が飛ぶ。」「鳥がいる。」の「飛ぶ」や「いる」には，「自らの生起を指定されている名詞句」すなわち，主格「鳥が」が存在する。また，「飛ぶ」場所や「いる」場所に関する場所格も「指定されている名詞句」と判断される。

しかし，「これが都鳥だ。」の「都鳥」には「自らの生起を指定されている名詞句」はあるのだろうか。名詞は連体修飾の働きかけを受け取るレセプターはあるが，連用格助詞による連用修飾の働きかけを受け取るレセプターは保有していない。とすると，「が」は，「都鳥」という名詞に関係するものではなく，「だ」に関係するものと判断するほかない。「だ」は陳述が置かれるところのものであるから，「が」は陳述に関係するものと判断される。

こう考えると，cの (名詞述語文を含む) という表現がどのような含みのもとになされたのか，にわかに曖昧になってしまう。

なお，右の論考の例文はすべて動詞文であり，名詞文の例はない。

dは山口明穂の文章である。「たとえば」以下の具体例による説明で，「どのような関係」という表現の意味限定が行われ，理解しやすい。残念なことに，「文中の他の語」の中に名詞文の名詞述語が含まれるか否かは不明である。示された例は，青木のものと同様であり，名詞文の「が」については念頭に置かれていなかったものと思われる。

ただし，山口は近著『日本語を考える＝移り変わる言葉の機構＝』において，

この千鶴子さんはね君，ピエール氏が非常に好きだったんだよ。
電話は昼が安い。

などの「が」を「主格」「主語格」とすることに疑いを抱き，江戸時代の学者，富士谷成章（ふじたになりあきら）の説，

「何が」は，その受けたる事に物実（ものざね）をあらせて，それがと指す言葉なり

（『あゆひ抄』「乃家」）

に賛意を示し，「物実」の観点から，問題点を考察している。

成章は，「が」を「乃家」の項目で論じているので，格助詞の類と考えているようであるが，説明から判断すると，あるいは，上接語を強調する強めの副助詞と認定していたかとも疑われる。山口はこのことについて明確に記述していないので不明とするほかないが，山口が，通常格助詞ガとされている「が」に対して，すべてを「主格」「主語格」とすることに疑問の目を向けていることだけは確実である。山口のガに関する考えは変化したと考えられる。

以上をまとめると，「これが都鳥だ。」の「が」を格助詞と認定するのかしないのかについて，権威ある辞典・事典に尋ねても確実な答えは得られないという結論になる。

4. ガの用法について

次にガは，これまでどのようなものとして記述されていたかについて検討しておく。

e『日本文法大辞典』（前掲，阪田雪子（さかたゆきこ））

① 主格助詞として用いられ，<u>その動作・作用を行う主体</u>，<u>またその性質・状態を有する主体</u>を表わす。

<u>バスが来ましたよ</u>／<u>木々の緑がひときわ美しくなった</u>／<u>あそこにだれがいるの</u>／<u>電話がかかってきたら</u>，知らせてください／<u>庭の桜が美しい</u>／<u>ここまでが私の担当範囲です</u>

名詞文の「が」を主格助詞と認定していることが，右の二重下線を付した例文により明らかである。

ところで，「ここまでが」という表現は，「私の範囲」という性質・状態を有

する主体を表すものなのだろうか。すなおに考えれば，この例文は，「ここまで」＝「私の範囲」という同定判断を示した判断文であるように考えられる。言い換えると，この表現は，「ここまでは私の範囲です」というハを用いた文と事実関係においては等価のものと考えた方が自然であろう。二重下線部の用例を「主格助詞」の用例に加えることには違和感を覚える。

f 『基礎日本語辞典』（1989年6月，森田良行）

　名詞や，「用言＋の／こと／もの／はず」「用言＋だけ／ばかり／ぐらい」などの形に付いて，主格を表す。「が」が付くことによって，それらの語句は，述語の表す内容の動作主・作用主・属性主・対象などを表すわけである。主語「何が」を受ける述部は<u>「何だ</u>／どんなだ／何する」等であるが，<u>「AがCだ／AがCする」文型をとってAがCの動作・作用・状態の主体</u>となるばかりでなく，「AはBがCだ」の形で，Bを状態Cの対象語として設定する言い方も見られる。B―C関係の在り方は文の発想とかかわりを持っており，次の二類に分けられる。（中略）

　　　「あの人は山田さんです／あの人が山田さんです」
前者のハ文型は，「あの人」が了解済みの話題であり発想の出発点であって，表現意図は回答部「山田さんです」の提示にある。一方，ガ文型は，そのまったく逆の発想に立ち，「山田さん」が共通話題で発想の出発点となる。表現意図は回答部「あの人が」にある。発想の手順は思考の流れに逆行するわけであり，ハ文型（判断文）「あの人は―山田さんです」（課題　　回答）の倒置形式「あの人が―山田さんです」（課題　　回答）の関係を持つところから転位文と呼ばれている。

　森田良行も名詞文の「が」を主格助詞と判断しているのであろうことは，二重下線部「何だ」及び「AがCだ」によって明瞭である。

　森田は「が」による文を「現象文」と「転位文」に二分する。前者は本章の動詞文・存在詞文のことである。後者が本章で問題としている名詞文であり，森田は「あの人が山田さんです」を例文として考察を展開している。

　文意に則して解釈すれば，「あの人」＝状態の主体，「山田さんです」＝状態

ということになろう。果たして，固有名詞で「状態」を表せるものなのであろうか。結果的には，「山田さん＝健康だ／賢い／明るい」などの状態を示しうるのであるが，それは意味的含みであって，文法レベルで考えれば，固有名詞がある「状態」を表すと考えることには無理がある。

ところで，「(中略)」以降で展開される議論は，「あの人が山田さんです。」と「あの人は山田さんです。」との相違，発想が逆であることに関するものであり，談話分析的意味考察と判断されるものである。「が」が通常格助詞とされ，直前の文脈において，森田もそのようなものと把握しているのであるが，「転位文」の説明においては，そのことを完全に忘れている。談話分析的意味のレベルでは森田の記述の通りだとして，文法のレベルではどうなのであろうか。

「あの人は山田さんです。」は判断文である。とすると，発想を逆にした「あの人が山田さんです。」は「転位判断文」になるのではなかろうか。「回答」部を前置するという操作は「回答」部を取り立てる操作と考えることができる。取り立てる機能は係助詞の機能である。

　　　　　　　係助詞　　　　　　　　　　　　　　　　格助詞
判断文　あの人は―山田さんです。　　転位文　あの人が―山田さんです。

森田説を明示化すれば，右のようになる。不整合であることは一目瞭然である。筆者は名詞文の「が」を係助詞と判断すれば，この不整合性が排除されると考える。

前節では，名詞文の「が」が格助詞と認定されるのか否かがはっきりしなかったのであるが，本節での紹介により，名詞文の「が」も主格助詞と認定されていることが明白となった。また，著者が加えたコメントにより，名詞文の「が」を「主格助詞」と認定することは極めて危ういことで，むしろ係助詞と考えた方が実態に則したものだということが理解されたことと思う。

5. 古典語からのアプローチ＝「これなむ都鳥」という名詞文＝

佐伯梅友（さえきうめとも）は『古文読解のための文法』において，古今和歌集にある「見渡せば，柳桜をこきまぜて，都ぞ，春の錦なりける。(古今集，春上，56)」を取り上げ，「都ぞ春の錦なりける」に言及して，次のように述べている。

都ぞ，春の錦なりける。

は，都が春の錦であることに気が付いた気持ちの表現で，紅葉の美しさを秋の錦と見るのは一般のことだが，春の錦なんてあるのかないのか，と思っているとき，都の美しい眺めに接して，春の錦はこれだ，都が春の錦だったよ，という気持ちで，この歌は詠まれたのだと解さなければならない，と私は思うのです。

「ぞ」は言うまでもなく係助詞である。そして，この「ぞ」に相当するものとして，本章で問題としている，名詞文の「が」があてられているのである。

国語史的に言えば，「ぞ・なむ・や・か・こそ」などの係助詞は古典語には存在するが，近代語には存在しない。これらは，終助詞化するか，副助詞化するか，あるいは消滅してしまうかしてしまい，現代語の係助詞は「は／も」の二種というのが学界の定説である。とすると，「都ぞ春の錦なりける」は「都は春の錦だったよ。」と訳されるはずであるが，そうではないというのが佐伯の主張するところである。筆者は，佐伯の説をよしとし，名詞文の「が」は「ぞ・なむ・や・か」などの後進とみなす。とすれば，名詞文の「が」は係助詞ということがすんなり納得できよう。

佐伯にならい，係助詞を受けて名詞で終わる古文を対象にし，それらがどう現代語訳されているか確認してみよう。なお，現代語訳は『新編日本古典文学全集』（小学館）による。

① 谷風にとくる氷のひまごとに打ちいづる波や春の初花

（古今・春上・12）

……流れ出てくる波　それが春の初花なのかしら。

② 渡守に問ひければ，「これなむ都鳥」といふを聞きて

（伊勢・9・東下り）

……船頭に尋ねると，「これが都鳥じゃ」と言うのを聞いて，

③ 難波津を今朝こそみつの浦ごとにこれやこの夜をうみ渡る船

（伊勢・66・みつの浦）

……これがまあ，海渡るもの，この世を憂み渡る人の姿にたとえられるものであろうか。

④＊うきふしを心ひとつに数へきてこや君が手を別るべきをり
(源氏・帚木)
……今度こそあなたとお別れしなければならないのでしょう。
⑤ 見ても思ふ見ぬはいかに嘆くらむこや夜の人のまどふてふ闇
(源氏・紅葉賀)
……これが世の人の，子ゆえに迷うという親心の闇でございましょう。
⑥ 風吹けば波の花さへいろ見えてこや名にたてる山ぶきの崎
(源氏・胡蝶)
……これがあの有名な山吹の崎ということになるのでしょうか。
⑦ 朝夕になく音をたつる小野山は絶えぬなみだや音なしの滝
(源氏・夕霧)
……とめどもない私の涙が音無の滝となるのでしょうか。
⑧＊人はみな花に心をうつすらむひとりぞまどふ春の夜の闇
(源氏・竹河)
……このわたし一人だけが春の夜の闇に思い迷っている。

①，②，③，⑤，⑥，⑦の五例は「や／なむ／や／や／や／や」が「が」と訳されている。このほか，蝉丸の歌「これやこの行くも帰るも別れては知るも知らぬも逢坂の関」(後撰・雑一・1089)の「や」も現代語にすれば，「これがまあ，……」となり，「が」に相当する例となる。

④，⑧の二例は「こそ／だけが」のように副助詞で訳されている。④は「今度が」とも訳せるところである。全集本の現代語訳は「や」の疑問の意を訳出していない。この部分は意訳しているのであろう。

⑧の「ひとり」は副詞的働きをし「ぞ」はその強めと考えると今問題としている例ではなく，除外するべき例であるかもしれない。

以上の検討により，現代語の「が」には，古典語の「や／なむ／ぞ」などの係助詞に対応するものがあるということが確認されたものと判断する。

6. 名詞文に用いられる「が」の特殊性

筆者は，本章で名詞文の「が」は係助詞と考えた方が整合性のある解釈ができると主張しているのであるが，「は」や「も」という係助詞と異なる点が全

くないわけではないことを最後に付加しておく。
　係助詞の主要な用法は次の三種である。
　　a　吾輩は猫である。　　　（提題の用法＝題目語を示す）
　　b　姉は十六，妹は十五。　（対比の用法＝文の成分間の意味的対比を表す。
　　　　　　　　　　　　　　　主格に限定されない）
　　c　ちょっとは関心がある。（強調の用法＝副詞などの下に用いられ，その意
　　　　　　　　　　　　　　　を強調する）
　名詞文の「が」には，右に述べたうち，提題の用法と対比の用法がある。言い換えると，a, bの「は」を「が」に置き換えることができるということである。
　ただし，対比の用法について言えば，「は／も」に比較し，「が」の用法は狭い。
　bの例は主格の例である。名詞文の「が」が対比の意で用いられる時は，主格の場合に限定され，「本は読まない。（対格）」「君にはやらない。（与格）」「明日の九時は学校です。（時格）」などの用法は存在しない。
　適当な場所を探している場合，「ここはよくない。あそこがいい。」と表現することがある。この例は，対比の用法とみなされるが，「は」の対比と比べ，焦点性が一層強められているものと思われる。
　また，「は／も」の係助詞は「が」「を」を除く他の格助詞に下接するが，名詞文の「が」にはこの用法もない。
　ところで，「は／も」の用法のうち，aの提題の用法こそ係助詞の係性を表すものである。bの対比の用法やcの強調の用法は副助詞の機能とした方がふさわしい。名詞文の「が」はこの意味で純粋な係助詞ということになる。

7. 結　　論

　名詞文の「が」，「これが都鳥だ。」の「が」は，係助詞「は／も」と性質を同じくする機能を有している。ただし，「は／も」が有する係助詞的用法（提題の用法）のみを共有し，副助詞的用法は有していない。また，「は／も」は「が／を」を除くほかの格助詞に下接するが，名詞文の「が」にはこういう用法もない。係助詞としては用法の幅がもっとも狭いものということになる。言

い換えると，名詞文の「が」は純粋な係助詞なのである。

■ 発展問題

(1) ガを用いたA系の文とハを用いたB系の文に関する問いに答えなさい。
　A1 公園の桜が咲いた。　　B1 公園の桜は咲いた。　　［動詞文］
　A2 公園の桜が美しい。　　B2 公園の桜は美しい。　　［形容詞文］
　A3 公園の桜が好きだ。　　B3 公園の桜は好きだ。　　［形容動詞文］
　A4 公園に桜がある。　　　B4 公園に桜はある。　　　［存在詞文］
　A5 公園の桜が染井吉野だ。　B5 公園の桜は染井吉野だ。　［名詞文］
　問1　A系とB系とを比較し，客観的事実の報告または説明になっている方をマークしなさい。
　問2　A系でマークされなかったものはあるだろうか。あるとすれば，ほかのA系となぜ異なるのかについて考えなさい。
　問3　B系でマークしたものはあるだろうか。あるとすれば，ほかのB系となぜ異なるのかについて考えなさい。
　問4　マークされなかった文には，事実の報告または説明以外に，話し手・書き手の主観的判断が加味されている。どのような主観的判断が加味されているのだろうか。
　問5　学校文法では，「公園の桜が」「公園の桜は」のどちらも，同じ「主語」としている。こういう扱いをどう考えるか。

(2) 各文のガとハの働きについて説明しなさい。
　A1 ここに英語が書いてあります。　B1 ここに英語は書いてあります。
　A2 君は英語が読めますか？　　　　B2 君は英語は読めますか？
　A3 私は英語が苦手です。　　　　　B3 私は英語は苦手です。
　A4 英語が読めるようになりたいです。　B4 英語は読めるようになりたいです。

(3) 助詞を分類するには，どのような方法があるか調べてみよう。

■ **参考文献**

1) 山田孝雄『日本文法論』(宝文館出版, 1908)
2) 山田孝雄『日本文法学概論』(宝文館出版, 1936)
3) 時枝誠記『日本文法 口語篇』(岩波書店, 1950)
4) 松村 明「主格表現における助詞『が』と『は』の問題」国語学振興会編『現代日本語の研究』(白水社, 1942)
5) 三上 章『続・現代語法序説』(くろしお出版, 1972)
6) 大野 晋『日本語の文法を考える』(岩波書店, 1978)
7) 久野 暲『日本文法研究』(大修館書店, 1973)
8) 寺村秀夫『日本語のシンタクスと意味Ⅲ』(くろしお出版, 1991)
9) 松下大三郎『改撰標準日本文法』(勉誠社, 1978)
10) 松下大三郎『増補校訂標準日本口語法』(勉誠社, 1975)
11) 国語学会編『国語学大辞典』(東京堂出版, 1980)
12) 佐藤喜代治編『国語学研究事典』(明治書院, 1977)
13) 日本語教育学会編『日本語教育事典』(大修館書店, 1982)
14) 松村 明編『日本文法大辞典』(明治書院, 1971)
15) 青木伶子『現代語助詞「は」の構文的研究』(笠間書院, 1992)
16) 青木伶子「格助詞の範囲―「目標格」をめぐって―」『成蹊人文研究』2号(成蹊大学, 1994)
17) 仁田義雄編『日本語の格をめぐって』(くろしお出版, 1993)
18) 山口明穂『日本語を考える=移り変わる言葉の機構=』(東京大学出版会, 2002)
19) 森田良行『基礎日本語辞典』(角川書店, 1989)
20) 佐伯梅友『古文読解のための文法』(三省堂, 1988)
21) 野田尚史『「は」と「が」』(くろしお出版, 1996)
22) 小池清治『日本語はどんな言語か』(筑摩書房, ちくま新書, 1994)
23) 小池清治『現代日本語文法入門』(筑摩書房, ちくま学芸文庫, 1997)

第15章　「日照りが続くと／けば／くなら／いたら，水瓶が枯渇するだろう。」はいずれも同じ仮定条件文か？

【辞論Ⅱ，接続助詞—仮定条件】

キーワード：条件文，仮定条件，ば，と，なら，たら，モダリティ表現の制約，前件と後件の事態性，時間的前後関係

1. 条件文

　条件表現は，先行する表現（前件）を条件としその帰結として後行する表現（後件）が成立すると関係づける接続表現であり，一般に順接と逆接とに分けられ，それぞれに仮定条件と確定条件に分類されるが，「条件文」を順接仮定条件に限定する立場からは，逆接条件は「譲歩文」と呼ばれたり（接続助詞「けれども・ても・でも」が用いられる），確定条件は「原因・理由文」と呼ばれたりする（接続助詞「ので・から」が用いられる）。つまり，このような順接仮定条件の「条件文」は「仮定的ななんらかの因果関係を表す」ものとして定義されることになるが，この「条件文」は，現代語では「仮定形＋ば」及び「と・なら・たら」の四形式によって表される。では，現代語のこれらの四形式は，どのような基準でどのように使い分けがなされているのだろうか。

2.「一般条件・恒常条件」と「反復・習慣」

　ところで，次のような条件文は，前件と後件の間に，「前件が成立すれば必ず後件が成立する」といった恒常的・法則的な関係が成り立っていたり（①），「前件が成立するとその都度決まって後件が成立する」といった反復的・習慣的な関係が成り立っている（②）。

　①　誰でも酒を飲みすぎれば／飲みすぎると，気分が悪くなる（ものだ）。
　②　彼は暇があれば／あると，いつも本を読んで（いる／いた）。

　前者の場合は不特定の主語について時間を越えて成り立つ一般的真理を表

し，後者の場合は特定の主語についての非一回性・多回性の反復動作・習慣を表すものであるが，これらには仮定性があるのであろうか。このことを次の例文と比較して考えてみよう。

③　明日雨が降れば／降ると，運動会は来週に延期に（なる／なるだろう／なるかもしれない／なるはずだ）。

④　こんなに雨が降れば／降ると，運動会は来週に延期に（なる／なるだろう／なるかもしれない／なるはずだ）。

③は前件が未実現の事態，④は前件が実現化した事態であるが，後件はどちらも未実現の事態である。後件が未実現の事態ということは，その事態は実現化する可能性があるということ，すなわちその実現は仮定的であると考えることができる。一方，①の後件は仮定や事実とは範疇の異なる真理命題，②の後件はすでに事実化した事態でしかもその事態成立は多回的であって，どちらも仮定的なものではない。したがって，例文①，②のような条件表現は，「仮定的ななんらかの因果関係を表す」仮定条件表現とは異なるものとして，「一般条件・恒常条件」や「反復・習慣」などと範疇化される。

なお，「一般条件・恒常条件」や「反復・習慣」の接続形式として「なら」や「たら」を用いることもできるが，一般には「ば」と「と」が用いられる。

⑤　心を開いて話し合えるなら／えたら，人間は理解し合える（ものだ）。

⑥　雨が降ったなら／たら，彼はいつも決まって一日中本を読んで過ごして（いる／いた）。

3. 後件のモダリティ表現の制約

仮定条件の場合，後件は未実現事態ということであったが，この未実現事態はどのような表現形式として表されるのであろうか。例文③，④の文末表現をみると，「だろう／かもしれない／はずだ」といった話し手の判断・認識を表すムード形式をとっている。判断・認識は話し手の主観的表現（モダリティ）であり，後件の事態の実現はあくまでも話し手の主観の内にあるものであって，未実現事態である。では，モダリティ表現にはほかにも意志・希望の表出や命令・禁止・許可・依頼・勧誘・提案や問いかけなどの働きかけがあるが，「ば，と，なら，たら」の四形式はどのようなモダリティ表現をとることができるの

3. 後件のモダリティ表現の制約

かあるいはできないのかを検討してみよう。まず，判断・認識のモダリティ表現については，「ば，と」だけではなく，「なら」と「たら」もとることができる。

③' 明日雨が降るなら／ったら，運動会は来週に延期に（なる／なるだろう／なるかもしれない／なるはずだ）。

次に，⑦〜⑨は意志・希望の表出のモダリティ表現であるが，

⑦ 値段が折り合えば，（買う／買うつもりだ／買いたい）。
⑧ 旅行に行くなら，海外に（行く／行くつもりだ／行きたい）。
⑨ ここまでやったら，最後まで（やる／やるつもりだ／やりたい）。

「ば，なら，たら」はル形の意志形や「つもりだ」，「たい」などのムード形式をとることができるが，「と」はこのようなムード形式をとることができない。ただし，次のような形での意志のモダリティ表現は可能である。

⑩ 動くな。動くと撃つぞ。

働きかけのモダリティ表現については，事態の成立を望ましいものや実現させたいものとしてとらえて聞き手に働きかける「命令・禁止・許可・依頼・勧誘・提案」などの情意的な働きかけと，聞き手に情報を求める問いかけとに分けて考えてみよう。まず，情意的な働きかけのモダリティ表現については，次の例文のように「ば，なら，たら」はこのような表現を後件にとることができるが，「と」はとることができない。

⑪ 失敗したくなければ／ないなら／なかったら，（言うことを聞け／一緒にやろうよ／慎重にやった方がいいよ）。
⑫ 失敗してもよければ／よいなら／よかったら，勝手に（やりなさい／やれば／やってもいいよ）。

次に，問いかけについては，肯否疑問文と疑問詞疑問文とがあるが，⑬〜⑯が肯否疑問文の場合で，⑰〜㉑が疑問詞疑問文の場合である。

⑬ 午後5時に着けば，間に合いますか。
⑭ この試薬を入れると，液体は赤く変色しますか。
⑮ 僕が一緒に行くなら，君も行くの。
⑯ 就職したら，自活するの。
⑰ 締め切りに間に合わなければ，どうなりますか。

⑱　この試薬を入れると，液体はどうなりますか。
⑲　ハワイがいやなら，どこへ行きますか。
⑳　両親に反対されたら，どうしますか。
㉑　(どうすれば／？どうすると／＊どうするなら／どうしたら)，問題を解決できるのですか。

　これらの例文からは，肯否疑問文の場合は四形式ともに可能であるが，疑問詞疑問文の場合は，前件に疑問の焦点があるもの（前件が疑問文の場合）には「なら」が使用できず「と」も使いずらい（㉑）。
　以上の考察からは，他形式に比べて「と」形式の，意志・希望の表出や働きかけのモダリティ表現についての制約が特徴的であることが確認されたことになる。

4. 前件と後件の事態性

　前節の考察では，「と」形式以外の「ば・なら・たら」の三形式には，基本的に後件のモダリティ表現の制約が認められなかったことになるが，そのことを前件と後件の事態性の面から再検討してみよう。
　例文⑦〜⑨は，後件が意志・希望のモダリティ表現の場合であったが，それらの前件は，⑦は非行為性（非意志性）・状態性事態であるのに対して，⑧，⑨は行為性（意志性）事態である。ここで，「ば」と「なら」「たら」を，それぞれの例文に相互に入れ替えることができるかどうかを考えると，「なら」「たら」は前件が非行為性・状態性事態でも使用できるのに対して，「ば」は前件が行為性事態である場合には使用することができない。

⑦'　値段が折り合うなら／ったら，(買う／買うつもりだ／買いたい)。
⑧'　＊旅行に行けば，海外に（行く／行くつもりだ／行きたい)。
⑨'　＊ここまでやれば，最後まで（やる／やるつもりだ／やりたい)。

ただし，次の例文では「ば」を用いることができる。

㉒　彼が大学を受験すれば，僕も大学を受験する。
㉓　事情を話してくれれば，力になってあげるよ。

　これらは，前件と後件の行為者がともに話し手自身である⑧'，⑨'の場合とは異なり，前件の行為者が話し手以外であって「あなたあるいは第三者が前

件の事態を行えば私は後件の事態を行う」といった意味，特に㉓の場合は，後件を行うことの交換条件として前件が提示されている。ちなみに，「なら」と「たら」は，前件と後件の行為者が異なる㉒や㉓のような場合でも用いることができる。なお，表出のモダリティでも，「ば」は希望表現では不自然であり，「なら」や「たら」を用いる必要がある。

㉔＊彼が大学を受験すれば，僕も大学を受験したい。

㉕＊事情を話してくれれば，力になってあげたい。

次に，後件が働きかけのモダリティ表現の場合はどうであろうか。先の⑪，⑫の例文は，前件が非行為性・状態性事態であるが，さらに述部の形式に着目するとどのような特徴が見出されるであろうか。⑪では述語動詞に「たくない」が，⑫では「てもよい」が付いたものである。ほかには，「たい」や「ある」「たくない」などが続いたものに限定される。

㉖　成功させたければ／たいなら／かったら，（忠告を聞け／一緒にやろうよ／慎重にやった方がいいよ）。

㉗　再考する余地があれば／あるなら／あったら，（考え直してよ／考え直した方がいいよ）。

㉘　食べたくなければ／ないなら／なかったら，（食べるな／食べなくていいよ）。

では，前件が行為性事態である場合はどうであろうか。

㉙　どうしても出て（＊行けば／行くなら／行くんだったら），二度と戻って来るな。

この場合も表出の場合同様，「なら」と「たら」は使用できるが，「ば」は使用することができない。

また，後件が問いかけの場合を再考すると，肯否疑問文と後件に問いかけの焦点がある疑問詞疑問文に共通してうかがえることは，「ば」「と」と「なら」「たら」との差異である。具体的には，「ば」「と」の例文（⑬，⑭，⑰，⑱）の後件は状態性事態で，「なら」「たら」の例文（⑮，⑯，⑲，⑳）の後件は行為性事態である。もっとも，「なら」「たら」は後件が状態性事態の場合にも使用することができ（㉚），また「ば」は行為性事態の後件をとりずらいものの（㉛），使用不可能ということではない（㉜）。㉛と㉜の差異は，前者は前件

が成立した場合にどのような行為を行うかを後件に問うものであり，後者は前述したように前件と後件の行為者が異なる交換条件である点にある。ちなみに，前者は「たら」を使用すると自然な文となる。

㉚　午後5時に着くなら／いたら，間に合いますか。
㉛　？仕事が終われば，何をしますか。
㉜　僕が行けば，君も行くの。

「と」は㉛や㉜の例文でも使用することができないが，これらの後件を相手に意志を問いかけるものとみると，第3節で「と」が意志の表出のモダリティ表現を後件にとりずらかったこととの関連性が浮かぶ。なお，次のような例文では「と」を用いることができるが，この場合はある行為が習慣として状態化した場合である。

㉝　仕事が終わると，いつも何をしますか。

以上，第3節では「ば」を後件のモダリティ表現の制約がないとしたが，後件に表出や働きかけのモダリティ表現をとることができるのは，前件が非行為性（状態性）事態の場合，あるいは，前件が行為性事態でその行為の主体が後件の行為主体と異なる場合（後件は意志表現）に限定されたものであることが確認されたことになる。

5.「なら」と「たら」

では，前件や後件の事態性にかかわらず，基本的にモダリティ表現の制約がない「なら」「たら」については，どのようなことに着目することで，どのような差異を見出すことができるのであろうか。そのことを考えるために，例文⑧と⑨を再掲することにする。

⑧　旅行に行くなら，海外に（行く／行くつもりだ／行きたい）。
⑨　ここまでやったら，最後まで（やる／やるつもりだ／やりたい）。

これらの例文は，「なら」「たら」が後件に意志・希望の表出をとれることを例示するためのものであったが，いずれも「なら」「たら」を入れ替えることができない。

⑧'　＊旅行に行ったら，海外に（行く／行くつもりだ／行きたい）。
⑨'　＊ここまでやるなら，最後まで（やる／やるつもりだ／やりたい）。

では、⑧と⑨はどのような点で異なる文であるのだろうか。⑨の場合は、前件の事態（ここまでやったこと）と後件の事態（最後までやること）との間には、時間的な前後関係があるが、⑧にはそのような時間的な前後関係がない。⑧は、前件の事態（旅行に行くこと）が実現する場合には、後件の事態（海外に行くこと）を行うといった制限条件的な関係となっている。これらのことは、⑧'、⑨'の前件と後件をそのような関係の事態とすることで、「たら」「なら」が使用可能となることからも確認される。

㉞　旅行に行ったら、君にハガキを（出すよ／出すつもりだ／出したい）。
㉟　そこまでやるなら、最後まで（やるよ／やるつもりだ／やりたい）。

また、「なら」の前件と後件とが時間的な前後関係ではないことは、後件の事態が先に成立しその後で前件の事態が成立するような場合にも、「なら」を使用できることにも反映されている。

㊱　旅行に行くなら、その前にいろいろと事前調査を（する／するつもりだ／したい）。

このような「なら」と「たら」の差異は、後件が働きかけのモダリティ表現の場合を考えた⑪、⑫や㉖、㉗の例文の場合には、実は確認されない。なぜなら、それらの例文の前件は状態性事態であるために、後件との事態成立の時間的な前後関係がそもそも希薄であるためである。前件が行為性事態である場合を考えると、意志・希望の表出の場合と同様であることがわかる。

㊲　旅行に行くなら、海外に（行きなさい／行くべきだ／行きましょう）。
㊳　旅行に行ったら、絵葉書を（送ってください／送るのよ／送ってあげよう）。

つまり、前件と後件の関係性に着目することで、同じく前件が行為性事態で後件が表出や働きかけのモダリティ表現をとる場合でも、その前件と後件の事態の生起が時間的な前後関係である場合には「たら」のみが、前件の事態が後件の事態成立のための制限条件の場合には「なら」のみが、使用されることが確認されたことになる。

なお、後件が判断・認識のモダリティ表現の場合の例文④に、「たら」が使用できて、「なら」が使用できないことも同様の事情である。

④'　こんなに雨が（＊降るなら／降ったら）、運動会は来週に延期に（な

る／なるだろう／なるかもしれない／なるはずだ)。

ところで，⑧や㊲は，たとえば次のような談話の中で発話されるのが自然である。

⑧' A：「どこかへ旅行に行かないか。」
　　B：「旅行に行くなら，海外に（行く／行くつもりだ／行きたい)。」
㊲' A：　　「夏休みには旅行に行くつもりなんだけどね。」
　　B：「旅行に行くなら，海外に（行きなさい／行くべきだ／行きましょう)。」

このような文脈の中で⑧'や㊲'を，相手の発話である前文Aを受けての話し手の表出や働きかけを表す後文Bとしてとらえると，その後文Bの前件は，後件の事態成立のための制限条件というよりも，「相手の意向や主張」を受け取ってそれを取り上げるものとして機能しているとみることができる。なお，「のだったら」(「のだ」＋「たら」)であれば，これらの例文に用いることができるが，この場合「旅行に行く」ことが「のだ」によって既定命題化されると説明されることになる。

6. 章名の例文

これまでは，「と・ば・なら・たら」の四形式の仮定条件文の文法的な差異を探ってきたわけであるが，章名の例文はこれら四形式のいずれをも使用できるものであった。

㊴　日照りが続くと／けば／くなら／いたら，水瓶が（枯渇する／枯渇するだろう／枯渇するかもしれない／枯渇するはずだ)。

まず，この例文を前節までの観点から整理すると，前件と後件の間には，仮定的な因果関係が認められ，その前件と後件はいずれも状態性事態であり，かつ後件が判断・認識を表すモダリティ表現となっている。後件の判断・認識のモダリティ表現は「と」を排除しないための条件，また前件と後件が状態性事態であることは「ば」を排除しないための条件や「なら」と「たら」のいずれかを排除しないための条件である。

では，「と・ば・なら・たら」のいずれを用いてもその表現性に差異はないのであろうか。このことは，各形式の特徴をどうとらえるかという問題として

従来から研究がなされてきたのだが，そのとらえ方には諸説がある。ここでは，例文 ⑩ に即して，諸説を鑑みながら各形式それぞれの表現性を提示することにする。

「と」：「これ以上日照りが続くとすぐに水瓶が枯渇するだろう。」に表されるように，前件を条件とし，後件がその当然の結果，不可避的な結果として継起的に実現すると仮定する。

「ば」：「日照りが続けば必ず水瓶が枯渇するだろう。」に表されるように，前件を先行条件とすれば，後件がその因果関係として当然成立すると仮定する。

「なら」：「もし日照りが続くなら水瓶が枯渇するだろう。」に表されるように，前件を真であると仮定するなら後件が成立すると，思考的・判断的に仮定する。

「たら」：「こんなに日照りが続いたら水瓶が枯渇するだろう。」に表されるように，前件をすでに実現した個別事態とし，後件をその現実状況の中で成立すると仮定する。

■**発展問題**

(1)「ば・と・なら・たら」について，一形式のみ使用できる場合，二形式が使用できる場合，三形式が使用できる場合は，それぞれどのような場合・組み合わせかを，後件のモダリティ表現や前件と後件の事態性・関係性に着目して調べてみよう。

(2)「なら」について，次の問1，2の問題を考えてみよう。
　問1　「なら」は，「のなら・のならば」のような形をとる場合ととらない場合とがあるが，両者にはどのような差異があるのだろうか。また，とる場合には「の」の有無による表現性の差異はあるのだろうか。
　問2　「なら」の主題用法を「は」の主題用法と比較してみよう。

(3)「ば・と・たら」を含む複合辞について，次の問1，2の問題を考えてみよう。
　問1　「とすると・とすれば・としたら」の意味用法及びそれらが結び付ける

前件と後件の文法性は，どのように記述できるのだろうか。
　問2　「となると・となれば・となったら」の意味用法及びそれらが結び付ける前件と後件の文法性は，どのように記述できるのだろうか。

(4)「ば・と・なら・たら」を用いた慣用的な表現について調べてみよう。

(5) 前件と後件に事実と反対の事態を述べる「反事実文」も仮定的な条件文とみることができるが，この「反事実条件文」がとる接続形式や後件の文末表現，さらにそれぞれの場合の表現性を考えてみよう。

(6) 仮定条件だけではなく，確定条件や恒常条件，同時・時・連続・きっかけ・場所・発見などの状況を条件とする用法も含めて，次の問1,2の問題を考えてみよう。
　問1　「未然形＋ば」「已然形＋ば」「仮定形＋ば」「なら（ば）」「たら（ば）」「と」の条件表現について，古代語からの変遷を調べてみよう。
　問2　現代語の「ば・と・なら・たら」の各形式は，どのように特徴づけられるだろうか。

(7)「仮に」と「もし（も）」は事態を仮定的なものとして表す副詞だが，それぞれどのような条件節を伴うのかを調べたうえで，仮定性の相違について考えてみよう。

■ 参考文献

1) 網浜信乃「条件節と理由節—ナラとカラの対比を中心に—」『待兼山論叢　日本学篇』24（大阪大学文学部，1990）
2) 有田節子「日本語条件文研究の変遷」『日本語の条件表現』（くろしお出版，1993）
3) 稲葉みどり「順接・仮定条件文成立のためのモダリティ制約—日本人調査を通じて—」『ことばの科学 3』（むぎ書房，1990）
4) グループ・ジャマシイ『教師と学習者のための日本語文型辞典』（くろしお出版，1998）
5) 言語学研究会・構文論グループ「条件づけを表現するつきそい・あわせ文(1)—その1まえがき—」『教育国語』81号（むぎ書房，1985）
6) 言語学研究会・構文論グループ「条件づけを表現するつきそい・あわせ文(3)—その3条件的なつきそい・あわせ文—」『教育国語』83号（むぎ書房，1985）
7) 国立国語研究所『現代雑誌九十種の用語用字(3)分析』（国立国語研究所，1964）

参考文献

8) 小林賢次『日本語条件表現史の研究』(ひつじ書房, 1996)
9) 阪倉篤義「条件表現の変遷」『国語学』33号(国語学会, 1958)
10) 鈴木義和「ナラ条件文の意味」『日本語の条件表現』(くろしお出版, 1993)
11) 鈴木義和「―バ／ト／タラ／ナラ」『日本語学』13巻9号(明治書院, 1994)
12) 高梨信乃「非節的なXナラについて」『複文の研究(上)』(くろしお出版, 1995)
13) 豊田豊子「『と, ば, たら, なら』の用法の調査とその結果」『日本語教育』56号(日本語教育学会, 1985)
14) 蓮沼昭子「『ナラ』と『トスレバ』」『日本語教育』56号(日本語教育学会, 1985)
15) 蓮沼昭子「『たら』と『と』の事実的用法をめぐって」『日本語の条件表現』(くろしお出版, 1993)
16) 益岡隆志「日本語の条件表現について」『日本語の条件表現』(くろしお出版, 1993)
17) 益岡隆志『新日本語文法選書2 複文』(くろしお出版, 1997)
18) 前田直子「条件文分類の一考察」『日本語学科年報』13号(東京外国語大学外国語学部日本語学科, 1991)
19) 前田直子「バ, ト, ナラ, タラ―仮定条件を表す形式―」『日本語類義表現の文法(下)複文・連文編』(くろしお出版, 1995)
20) 松田剛史「「ト, テ, タラ」について」『大谷女子大国文』14号(大谷女子大学国文学会, 1984)
21) 森田良行『基礎日本語 2』(角川書店, 1980)
22) 山口堯二『日本語接続法史論』(和泉書院, 1996)

索引

【事　項】

あ行

相手の意向や主張　152
あいにく　111, 113, 119
（あいにく）ですが　110, 111, 119
アクチオンザルト　104
アスペクト　97

已然形＋ば　154
一語文　53
一辞文　53, 57
一人称限定視点　16
一点文　53
一般条件・恒常条件　146
意味　5
意味論　5
入れ子型構造図　71
因果関係　153
イントネーション　38, 48

ヴォイス（態）　86
ウナギ文　60

惜しみの気持ち　116
慮りの気持ち　110

か行

開始　105
回想　101
係助詞　132, 142
確述意識　101
格助詞　132, 134
確定条件　154
確認　101

過去　97
　──から現在までの持続　98
価値判断の副詞　112
仮定形＋ば　145
仮定的な因果関係　152
可能態　86
カラ格　88
仮に　154
感覚でとらえた印象を表す動詞　99
関係者受動文　85
感情や感覚を表出する動詞　99
完成相　102
間接受動文　85
感動詞一語文　54
完了　97

基幹構文　53
擬似一語文　53, 54
擬似無主語文　77
詰問　115
疑問詞疑問文　147
逆接系接続語　130
逆接の接続詞　122
逆包摂関係　63
狭義アスペクト　102
強調　142
共通項削除の法則　33
切れる文の成分　72
近接関係　63

悔しさの表出　115
クリスマスツリー型　66

継続　105
継続相　102
継続動詞　103

形容詞一語文　56
形容動詞一語文　56
形容詞文　133
形容動詞文　133
原因・理由文　145
限界的な事象　105
言語主体的意義　110
現在　97
　──から切り離された過去　99
現在完了　99
現象文　138
現代語文法　132
言文一致運動　15
言文一致体　10
言文一途　11
兼務　62

語彙力　60
行為主　76
行為性事態　148
後悔　101
降格受動文　91
広義アスペクト　104
恒常条件　154
構造的曖昧性　61
口頭言語　10
行動・言語反応要求型　56
肯否疑問文　147
高文脈言語　60
国民語　10, 12
語順　71
呼称詞　34
古典語文法　132
語用　5
　──とダイアローグ型表現　6
語用作品論　22

語用作品論的観察　36
語用文章論　21
語用文章論的観察　36
語用論　5, 64

さ　行

削除　34, 78
さすが　120
さて　130
三人称客観視点　17
三人称限定視点　17
三人称全知視点　17

思惟動詞　15
使役態　86
シオエル　105, 107
シオワル　105, 107
時格補足語　76
シカケル　105
しかし　122
時間的関係（タクシス）　108
時間的な前後関係　151
時間副詞　98
時間名詞　98
思考的・判断的な仮定　153
思考動詞　99
自己完結型の表現　56
自称詞　4
時制　97
シタ形　102
シダス　105
実現した個別事態　153
シツヅク　105
シツヅケル　105
シテアル　104
シテイタ形　102
シテイル　101
視点　16
　──の統一　92
自動詞文　91
詩の語用　5
シハジメル　105
自発態　87

事物の作成・生産　89
〜じゃない（か）　127
シャム　105
習慣　100
従属節　108
終了　105
受影受動文　90
主格　76
主格成分素　76
主格補足語　76
主語　33, 76
主語温存派　69
主語廃止論　71
主語否定派　69
主題　33
主体の非在存　106
主体変化動詞　103
述語の意味タイプ　97
受動態　86
受動文化　90
受動文の機能　91
瞬間動詞　103
障害の提示　128
状況を条件とする用法　154
条件文　145
小説・物語言語の文法　16
状態主　76
情態副詞　112
譲歩文　145
省略　34, 78
省略文説　62
書記言語　10
助詞一辞文　58
叙述　53
助動詞一辞文　57
所有者の受身　86
真性一語文　53, 54
真性無主語文　80
親族呼称　5
真理　100
心理的態度を表す動詞　88

推論過程　122

スル　101

制限条件　151
性質　100
静的　98
せっかく　111, 114, 116
（せっかく）ですが　110, 111
せっかくPだからQしよう　114
せっかくPなのにQでない　114
せっかくのNだからQしよう　118
せっかくのNなのにQでない　118
接続詞一語文　57
絶対テンス　108
接尾辞一辞文　58
零記号　42, 43
前件と後件の事態性　148
前件と後件のモダリティ性の相関　128
全国共通語　12
潜在主語　77
線条的構造体　67

相　97
想起・思い出し　100
相対テンス　108
存在詞文　134
存在主　76
存続　97

た　行

タ　100
体験の時点　101
第三者の受動文　85
対象語格　82
対象詞　4
対象的意義　110
代動詞説　61
対比　130, 142
題目　33, 76

題目部 76
多義文 30
タ形 98
立ち木式構造図 66, 69
だよ，だぜ 127
たら 146

中立受身文 85
直接受動文 85
陳述 38, 53
陳述単語観 38
陳述副詞 112

ついに 120
続く文の成分 72

提題 142
程度副詞 112
デ格 89
テ系補助動詞形式 104
でも 130
転位文 138
転換用法 130
テンス 97
　　——からの解放 100
と 146
問いかけのムード形式 123
動作主 76
　　——の背景化 91
　　——の表示 89
動詞一語文 55
動詞の結末点 105
動詞文 76, 133
当然の結果 153
倒置文 72
倒置法 72
同定関係 63
動的 98
とうとう 120
〜トキ 108
ときに 130
ところが 122

ところで 130
とすると・とすれば・としたら 153
となると・となれば・となったら 154

な 行

なら 146

日常言語の語用 5
日常言語の文法 16
二人称視点 17
日本語能力 60
ニヨッテ格 88
認識のムード形式 123
人称制限 15

能動態 86
能動文 85
能力 100
のだったら 152
のなら・のならば 153

は 行

ば 146
バーター条件 129
働きかけのムード形式 123
発見 100
発話時現在 99
話し手や他者の望み 114
反事実文 154
反復・習慣 146
反予想 125

非限界的な事象 105
非行為性・状態性事態 148
非情の受身 87
非自立的文 61
人受動文 87
P (→Q̄) トコロガ Q 125
P トコロガ Q 125
人名詞 81
非分節音 38

評価・注釈副詞 112
表出のムード形式 123
標準語 12
非予想 125

不可解な気持ちをともなっての
　　問いかけ 115
不可避的な結果 153
複合動詞形式 104
副詞一語文 56
複数名詞 81
副用語の自用語化 117
付随する状況の補足 128
付帯的な条件 129
プラス価値評価 112
文法 5
文法的文章論 20
文法力 60
文法論 5, 64
文末ムード形式制約 124
文脈察知力 61
分裂文説 62

包摂関係 63
盆栽型 66, 69

ま 行

マイナス価値評価 111
前置き 119
まだ 120
まともな受身 85

未然形＋ば 154
未来 97
　　——の状態 98

無主語文 77
ムード用法 100

名詞一語文 55
名詞文 76, 82, 133
迷惑の受身 90
目上目下分割線 3

索引　　　　　　　　　　　　159

もう　120
もし（も）　154
文字力　60
モダリティ制約　127
モダリティ表現の制約　148
モダリティ論　46
持ち主の受身　86
もの受動文　87
モノローグ型表現　6
モンタージュ説　62

　　　　や　行

やっと　120
やはり　120
ヤム　107
やりとりを表す動詞　88

ユニフォーム文　27

ようやく　120
予告的なことわり　119
予想・期待の主体　126

　　　　ら　行

落差の接続　126

料理文　81

ル形　98

連体詞一語文　57
連体修飾の構文モデル　118

　　　　わ　行

話者関与性　124

　　　　欧　文

ambiguity　61
pragmatics　5, 64
semantics　5
syntax　5, 64

【人名】
　　　　あ行

青木伶子　134, 135
青山文啓　80
朝間義隆　74
在原業平　27
アンドレ・マルチネ　77

石川啄木　72
石崎　等　52
市川　孝　21
井伏鱒二　28

梅崎春生　77

大石初太郎　48
大久保忠利　38
大野　晋　133
大和田建樹　79
奥津敬一郎　61
小熊秀雄　7
尾上圭介　38, 62

　　　　か行

金井　直　6
金谷武洋　66, 77
金子光晴　7
川端康成　36, 77

喜多条忠　6
北野浩章　124
北原保雄　38, 43, 62
金田一春彦　38

久野　暲　133

小森陽一　9

　　　　さ行

サイデンステッカー　79
佐伯梅友　139

阪田雪子　137

志賀直哉　35

鈴木孝夫　3

清少納言　21

　　　　た　行

立原道造　7

趙　慧瑾　60

寺村秀夫　21, 133

時枝誠記　21, 38, 42, 69, 82, 133

　　　　な　行

永野　賢　21
中山晋平　30
夏目漱石　18, 21, 33, 37, 51, 60, 77

仁田義雄　38, 46, 135

野口雨情　30

　　　　は　行

芳賀　綏　38
橋本進吉　69
浜田麻里　126
林　四郎　53

フェルディナン＝ド＝ソシュール　67
富士谷成章　137
二葉亭四迷　10

堀川　昇　63

　　　　ま　行

益岡隆志　38
松尾芭蕉　21, 37

索引

松村 明 133
まど・みちお 7

三上 章 31, 66, 81, 133
南こうせつ 6
南不二男 38
宮澤賢治 2
宮地 裕 38

森 鴎外 13
森田良行 30, 138

や 行

山口明穂 135
山田孝雄 38, 40, 112, 133
山田洋次 74
山之口獏 7

与謝野晶子 1

わ 行

渡辺 実 38, 40, 116

【書 名】

あ 行

赤西蠣太 35
あゆひ抄 137
伊勢物語 27, 132
一握の砂 72

我是猫 60
浮雲 13

永日小品 23

奥の細道 21, 37
男はつらいよ 柴又慕情 74

か 行

改制新文典別記 口語篇 69
雁 14

基礎日本語辞典 124, 138

源氏物語 36
現代語助詞「は」の構文的研究 135
現代日本語文法入門 134

恋衣 2
行人 21
国語学原論 42
国語学大辞典 134
国語学研究事典 134
国語構文論 40
ことばと文化 3
古文読解のための文法 139
小森陽一, ニホン語に出会う 10

さ 行

最新 宮沢賢治講義 9
桜島 77
さすが！日本語 116
山椒魚 28

シャボン玉 30
新編 浮雲 10

世界の日本語教育 5 126

漱石を読みなおす 9
続・現代語法序説＝主語廃止論＝ 66

た 行

出来事としての読むこと 9
鉄道唱歌 79

な 行

日本語教育事典 135
日本語に主語はいらない＝百年の誤謬を正す＝ 77
日本語の世界 6—日本語の文法— 43, 62

日本語のモダリティ 47
日本語のモダリティと人称 47
日本語はどんな言語か 39, 134
日本人の発想, 日本語の表現＝「私」の立場がことばを決める＝ 30
日本文法 口語篇 21, 42, 70
日本文法大辞典 135, 137
日本文法陳述論 38
日本文法論 38

は 行

話しことば論 49
春と修羅 3
半日 13

火の鳥 1

文体としての物語 9

「ボクハ ウナギダ」の文法—ダとノ— 61
坊つちゃん 33, 77

ま 行

舞姫 13
枕草子 21

みだれ髪 1
緑の物語—「吉野葛」のレトリック 9
明星 2

や 行

雪国 36, 77
夢十夜 21, 23

わ 行

吾輩は猫である 18, 37, 51, 60

欧 文

Snow Country 79

著者略歴

小池清治
（こいけせいじ）
（第1～9, 14章担当）

1941年　東京都に生まれる
1971年　東京教育大学大学院博士課程
　　　　単位取得退学
1971年　フェリス女学院大学専任講師
1976年　宇都宮大学教育学部助教授
現　在　宇都宮大学国際学部教授

赤羽根義章
（あかばねよしあき）
（第10～13, 15章担当）

1958年　愛媛県に生まれる
1986年　宇都宮大学大学院修士課程修了
1992年　愛知教育大学専任講師
1996年　宇都宮大学教育学部助教授
現　在　宇都宮大学教育学部教授

シリーズ〈日本語探究法〉2
文 法 探 究 法　　　　　定価はカバーに表示

2002年10月1日　初版第1刷
2007年2月25日　　　第3刷

著　者　小　池　清　治
　　　　赤　羽　根　義　章
発行者　朝　倉　邦　造
発行所　株式会社　朝　倉　書　店
　　　　東京都新宿区新小川町6-29
　　　　郵便番号　162-8707
　　　　電　話　03(3260)0141
　　　　FAX　03(3260)0180
　　　　http://www.asakura.co.jp

〈検印省略〉

© 2002〈無断複写・転載を禁ず〉
ISBN978-4-254-51502-2　C3381

教文堂・渡辺製本
Printed in Japan

◆ シリーズ〈日本語探究法〉〈全10巻〉◆
小池清治編集

宇都宮大 小池清治著
シリーズ〈日本語探究法〉1
現代日本語探究法
51501-5 C3381　　A5判 160頁 本体2800円

〔内容〕基礎から論文まで。〔内容〕「日本」は「にほん」か「にっぽん」か／ラ抜き言葉が定着するのはなぜか／「それでいいんじゃない？」はなぜ肯定になるのか／父親はいつから「オトウサン」になったのか／夏目漱石はなぜ「夏目漱石」と署名したのか／他

筑波大 湯澤質幸・広島大 松崎寛著
シリーズ〈日本語探究法〉3
音声・音韻探究法
51503-9 C3381　　A5判 176頁 本体2900円

〔内容〕音声と意味とはどういう関係にあるのか／美しい日本語とは何か／オノマトペとは何か／外国人にとって日本語の発音は難しいか／五十音図は日本語の音の一覧表か／「バイオリン」か、「ヴァイオリン」か／他

宇都宮大 小池清治・県立島根女子短大 河原修一著
シリーズ〈日本語探究法〉4
語彙探究法
51504-6 C3381　　A5判 192頁 本体2800円

〔内容〕「綺麗」と「美しい」はどう違うか／「男」の否定形は「女」か／「副食物」はフクショクブツか、フクショクモツか／『吾輩は猫である』の猫はなぜ名無しの猫なのか／「薫」は男か女か／なぜ笹の雪が燃え落ちるのか／他

愛知県大 犬飼隆著
シリーズ〈日本語探究法〉5
文字・表記探究法
51505-3 C3381　　A5判 164頁 本体2800円

〔内容〕「あ」という文字と「あ」という字は同じことか／漢字は表意文字か、それとも表語文字か／漢字の部首は形態素か／「世界中」は「せかいじゅう」か「せかいぢゅう」か／横書きと縦書きはどちらが効率的か／他

宇都宮大 小池清治・宇都宮大 鈴木啓子・宇都宮大 松井貴子著
シリーズ〈日本語探究法〉6
文体探究法
51506-0 C3381　　A5判 224頁 本体3500円

〔内容〕ナショナリズムがエクリチュールを生んだのか／『古今和歌集』「仮名序」は純粋な和文か／純粋な和文とは／『竹取物語』は本当に『伊勢物語』より新しいか／『土佐日記』は「日記」か「物語」か／『枕草子』のライバルは『史記』か／他

広島大 柳澤浩哉・群馬大 中村敦雄・宇都宮大 香西秀信著
シリーズ〈日本語探究法〉7
レトリック探究法
51507-7 C3381　　A5判 168頁 本体2800円

〔内容〕事実は「配列」されているか／グルメ記事はいかにして読者を魅了しているか／人は何によって説得されるか／環境問題はなぜ注目されるのか／感情は説得テーマとどうかかわるか／言葉は「文字通りの意味」を伝達するか／他

京都女大 小林賢次・相模女大 梅林博人著
シリーズ〈日本語探究法〉8
日本語史探究法
51508-4 C3381　　A5判 164頁 本体2800円

〔内容〕「古代語」から「近代語」へは、いつどのように変わったのか／古代語で9種類あった動詞の活用形式が現代語ではなぜ5種類になったのか／「係り結び」は現代語ではなぜなくなったのか／芭蕉の「旅」は現代の「旅」と同じか／他

前鳥取大 森下喜一・岩手大 大野眞男著
シリーズ〈日本語探究法〉9
方言探究法
51509-1 C3381　　A5判 144頁 本体2800円

〔内容〕方言はどのようにとらえられてきたか／標準語はどのように誕生したか／「かたつむり」の方言にはどんなものがあるのか／方言もアイウエオの5母音か／「橋」「箸」「端」のアクセントの区別は／「京へ筑紫に坂東さ」とは何のことか／他

宇都宮大 小池清治・ノートルダム清心女子大 氏家洋子・恵泉女学園大 秋元美晴著
シリーズ〈日本語探究法〉10
日本語教育探究法
51510-7 C3381　　A5判 152頁 本体2800円

〔内容〕「オサマ・ビン・ラディン」か「ウサマ・ビン・ラディン」か／先生、それ散ってる／ジレンマってなんですか／私はキツネ／「NIKKO is NIPPON」をどう訳すか／なぜ「黒板を消せる」のか／魚が水泳している／言語行動について／他

上記価格（税別）は 2007 年 1 月現在